为了教师的
自主成长
——课堂教学建模

肖世林　李芝伦　罗洪彬◎主编

WEILE JIAOSHI DE
ZIZHU CHENGZHANG
——KETANG JIAOXUE JIANMO

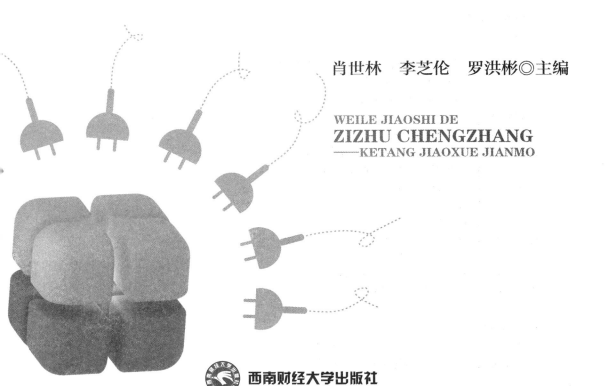

西南财经大学出版社

中国·成都

图书在版编目（CIP）数据

为了教师的自主成长/肖世林,李芝伦,罗洪彬主编.—成都:西南财经大学出版社,2022.7
ISBN 978-7-5504-5290-9

Ⅰ.①为… Ⅱ.①肖…②李…③罗… Ⅲ.①中小学—师资培养—研究
Ⅳ.①G635.12

中国版本图书馆 CIP 数据核字（2022）第 044103 号

为了教师的自主成长
——课堂教学建模

肖世林　李芝伦　罗洪彬　主编

策划编辑:李邓超
责任编辑:王青杰
助理编辑:王　琴　石晓东
责任校对:金欣蕾
封面设计:墨创文化
责任印制:朱曼丽

出版发行	西南财经大学出版社(四川省成都市光华村街55号)
网　　址	http://cbs.swufe.edu.cn
电子邮件	bookcj@ swufe.edu.cn
邮政编码	610074
电　　话	028-87353785
照　　排	四川胜翔数码印务设计有限公司
印　　刷	四川五洲彩印有限责任公司
成品尺寸	170mm×240mm
印　　张	35
字　　数	622 千字
版　　次	2022 年 7 月第 1 版
印　　次	2022 年 7 月第 1 次印刷
书　　号	ISBN 978-7-5504-5290-9
定　　价	99.00 元(全三册)

前言

当前，我国教育的内外部环境正发生着深刻的变化。在教育变局中，我们始终坚定不移地用习近平新时代中国特色社会主义思想铸魂育人，着力打造一支高素质、专业化的教师队伍，致力于促进学生德、智、体、美、劳全面发展。在发展教育、培养学生的路上，我们离不开课堂这个场域。

课堂的外延可以很大，但我们今天所研究的是学校内的课堂。在这方天地中，如何更好地使教与学相互促进一直是我们研究的中心议题。实现教与学的相互促进，不能仅仅依靠指导的外力催化，更要着眼于素质教育课堂教学实践的自我提升。

达到这一目的并非易事。从 2017 年秋直到今天，这五年间，我们聚集了身边一大批有着同样理想和追求的同仁们，执着于研究并自主构建课堂教学的新模式。

何为课堂新模式？简言之，课堂新模式就是真实的课堂，即学生真主体，教师真主导，课堂真魅力。我们遵循教育规律，尊重学科特点、"五育"融合，着眼学生课前自主预习、课中自主学习、课后自主作业，提倡教师课前指导学生自主预习、课中引导学生自主学习、课后辅导学生自主作业，锚定学生独立思考、创新精神和实践能力的培养。

无论哪个学段，也无论哪个学科的模式，都具备课堂学习活动的"七个有"。"七个有"是指：有明确的学习目标，有具体的学习任务，有清晰的学习步骤和多样的学习方法，有足够的时间让学生自主学、合作学、展示交流学，有精准的点拨与释疑解难，有整体的学习成果交流展示，有自我学习评价和师生之间、生生之间的学习评价。我们关注教师的语言艺术和学生的输出表达，致力于让课堂生发出持续的吸引力，从而筑牢教育主阵地。

我们在梳理问题—创设情境—猜想假设—合作探究—展示交流—得出结论—迁移运用的整体架构下，探究出了 13 个小学学科课堂教学模式和

18个初中学科课堂教学模式。具体而言，小学篇包括：小学语文"三环五步"自导式识字课堂教学模式、小学语文口语交际课堂教学模式、小学语文"四步"习作课堂教学模式、小学语文全自主练能课的课堂教学模式、小学数学概念教学的课堂教学模式、小学数学"二六三"立体课堂教学模式、小学数学"七学一整理"课堂教学模式、小学道德与法治"三步六环"活动课堂教学模式、以语言思维训练为中心的小学英语常规课教学模式、小学科学"六环五步"探究式课堂教学模式、小学体育"三三四"自导式常规练习课堂教学模式、小学音乐"二四五"互助自导式课堂教学模式、小学美术欣赏评述"六个学习"自导式课堂教学模式。初中篇包括：初中语文"三四三"自导式阅读教学模式、初中语文"读写结合"自导式写作教学模式、初中语文"三环五步"自导式复习教学模式、"问题导学，探究互动"下的初中数学课堂新授课教学模式、初中数学中考专题复习课教学模式、中考复习课"相交线与平行线"的教学设计、学科核心素养下的初中英语"三四五"课堂教学模式、初中英语"三四五"课堂教学模式阅读课型案例赏析、以生为本的初中物理"导学式"课堂教学模式、以学生为中心的初中化学元课堂教学模式、初中生物以生为本的"六部"自导式课堂教学模式、初中思想政治课"一波四环"课堂教学模式、初中历史"互动—探究式"课堂教学模式、初中地理"一四一"课堂教学模式、初中心理健康教育"问题—情景—认知式"课堂教学模式、初中体育"目标统领内容"自导式课堂教学模式、初中音乐"二四五"互助自导式课堂教学模式、初中美术设计应用课"三四六"自导式课堂教学模式。本教材融合了多学科、多课型、多样态的新模式，展示了我们区域教师个体专业发展的高水准，有利于促进更多的一线教师凝练自己的教学主张，形成自我的教学风格，成为"四有"好老师。

这样的课堂教学新模式，是我们教师专业成长中课堂自主实践的脚印，也是常态化的、有弹性的、可复制的，更是可以动态迭代的。诚然，这些新模式还有许多改进的空间，但我们倡导教师在课堂的沃土中，切实做到价值引领、减负提质，化有形的教学模式为无形的课堂真实，根据实际需要和现实变化，不断优化升级课堂教学模式。

编者

2022年3月

目录

第一编：小学篇

第二编：初中篇

第一编：小学篇

小学语文"三环五步"自导式识字课堂教学模式

周彬

识字教学是语文教学的基础，也是小学阶段语文教学的重点。我们在国培送教活动中对识字教学开展了专项研讨，通过展示同课异构课例，讨论教学中遇到的困惑，交流识字教学的经验等，对识字教学达成了一定共识。我们认为识字教学活动要富有情趣，要灵活运用多种形式和方法来创设情境，激发学生识字的兴趣。根据汉字的特点和学生认知规律，把汉字的音、形、义紧密结合起来，也把识字教学和阅读教学结合起来，让学生在恰当的语言环境中识字。在课堂上要结合学生的生活经验，把识字和认识事物结合起来，运用较直观的方法帮助学生识字，教给学生多种识字方法。在识字教学中，我们以训练学生识字写字能力为主，让学生充分体验自主学习、合作学习，把学生自主学习与教师导学相结合，构建"三环五步"自导式识字课堂教学模式。"三环五步"是指识字教学过程中教师应做到的三个环节和五个教学步骤，"三环"即"先学后教、以学定教、当堂训练"三个教学环节，"五步"即"创设情境，激发兴趣；自学识字，整体感知；互学合作，熟读成诵；随文拓展，当堂积累；指导书写，学以致用"五个教学步骤。

一、创设情境，激发兴趣

教师可以用多媒体创设学生熟悉的生活情境或感兴趣的事物、图片及讲故事、小游戏等激发学生学习兴趣。

二、自学识字，整体感知

学生的学习兴趣被激发之后，教师要引导学生自主学习。学生在自主学习过程中，可以参与教学的全过程，通过动眼看，动耳听，动脑想，动手做，积极参与探索，真正成为课堂学习的主人。学生的自学识字主要体现在以下三方面：

（1）自读文本，根据已有的识字方法自主识字。

（2）借助课本中所提供的图片，或者通过查字典、向别人请教等方式丰富词语的形象。

（3）在感知词语后再自读词语，想象以产生"画面感"，并圈出难认的字。

三、互学合作，熟读成诵

（1）生生互学。组织有效的小组（或小班）学习，让学生在小组内互相检查生字和词语的认读情况，整理出易读错、易混淆的生字或者词语，并讨论可以用哪些方法来记住它们。

（2）师生共学。教师把小组内易读错、易混淆的生字展示在大屏幕上，让大家来讨论自己是怎样记住的，学生交流识字方法，教师进行必要的引导点拨。在此环节，教师可以渗透多种识字的方法，如根据汉字的构字规律"熟字加笔画""形近字对比""同音字""熟字去偏旁""拆部件""减笔画"等；还可以用猜字谜、给生字找朋友、引导学生在生活中识字、玩游戏等方法，让课堂教学变得丰富，充满情趣。

（3）将识字教学和阅读教学进行整合。把识字融入阅读中，学生掌握生字后，引导学生用多种形式读课文，以读代讲，读中感悟，让学生在轻松的读书氛围中愉快地识字。

四、随文拓展，当堂积累

拓展的阅读资源要与对应的内容或思想相关，并且尽可能多地用到本课所学的字词。课堂内容要浅显、简练，学生自己便能学习和朗读；可以补充一些儿歌和童话来进行拓展，也可以自编一些短文进行拓展。这样学生会很感兴趣，而且读起来朗朗上口，达到了学习和巩固的目的。

五、指导书写，学以致用

在识字教学中，写字是很重要的一部分。因此识字教学时，要有写字的指导，包括学生正确的写字姿势和执笔方法、写字的笔顺和结构等，让学生养成良好的写字习惯，努力把字写得正确、整洁、美观。

指导书写采用"五步写字法"：

第一步：示范。教师示范写字，每个字重点指导书写要点。

第二步：观察。引导学生认真观察例字在田字格中的位置，要求将字写在田字格的中间，占八分满，不要过大或过小，而且书写时要把字写端正，做到横要平、竖要直，大小匀称。

第三步：练写。学生练习写字，描一个，写一个。

第四步：评价。多元评价展示，即写得好的要表扬，表扬时针对书写要点，可以用星级评价；写得不好的，要提醒注意哪一笔，应该怎样写，教师可以当场示范。

第五步：修正。学生修正补写各写两遍。这既是练习，又是巩固。

关于写字教学，注意一二年级写字指导的重点和要求不同。一年级的生字，要进行一个个指导，写字时要重点强调笔画笔顺和常用偏旁。二年级写字指导要有所侧重、有针对性，即一是要指导易错笔顺，一是要指导共性的间架结构。

【建模课例】

一年级下册《小青蛙》

一、创设情景，激发兴趣

1. 谜语导入。

同学们喜欢猜谜语吗？请看大屏幕（出示谜语），你能猜出这是什么动物吗？

> 大大眼睛绿衣裳，
> 常在稻田把歌唱。
> 保护禾苗吃害虫，
> 要论本领它最强。
>
> （打一动物）

2. 你们认识小青蛙吗？谁来介绍一下你了解的小青蛙是什么样子的？

3. 请同学们把书打开，翻到第11页，谁能说说图上都画了什么？

4. 请同学们观察题目中的"青"字，"青"是我们以前学过的生字，它是会意兼形声字。你们看，小青蛙身穿绿色的衣裳，所以，"青"在本课指的是一种什么颜色？（生：绿色。）同学们说对了，"青"的本义是草木萌发时的绿色，后来也指蓝色或黑色。你们能说出几个带"青"字的表示绿色、蓝色、黑色的词语吗？表示绿色的词语：青山、青菜、青草、青松。表示蓝色的词语：青天、青云、青花瓷。表示黑色的词语：青丝、青衣、青布等。

二、自主识字，整体感知

出示学习任务（一）

①练读儿歌，并读给同桌听。

②取出信封中的生字卡片，自己练习读一读。

③你有什么好方法可以记住这些字，给同桌分享。

三、共学识字，熟读成诵

1. 听老师读一遍儿歌，注意听准字音，特别是自己练读时读不准的字，要格外用心听。（示范读）

2. 想不想像老师这样读好儿歌啊？要想把儿歌读好，就要把字音读准。下面，就请拿出信封里的生字卡片，同桌之间互相认读"眼、保、护、害、事、让、病"这七个生字。

3. 这些生字中有哪些字是你平时就见过的？在哪里见过？（学生可能在日常生活和阅读中见到过这些字，因此可以让学生互相说一说，运用生活中的积累来识记生字。）

4. 说说你是怎么记住这些汉字的。

"害、事"用数笔画的方法来记住；"眼、保"用加一加的方法来记住；"护、让、病"用形声字的方法来记住。

5. 请同学们拿出词语卡片，认读文中出现的词语，看看去掉拼音是否还能认识："眼睛""保护""害虫""爱护""事情""生病"？

6. 青蛙是人类的朋友，所以我们要"保护"小青蛙（出示"保护"一词），看谁能找到它出现在哪句诗中，读一读，并要求用"保护"造句。

读诗句："请你爱护小青蛙，好让禾苗不生病。"

用"爱护"造句：

我们要爱护自己的眼睛。

我们要爱护大自然。

我们要爱护环境。

7. 练读儿歌，了解大意。

这些生字大家都认识了，我们再来读一读儿歌，一定会读得更加顺畅、流利。

出示学习任务（二）

①自己练读儿歌，要读得正确、流利。

②同桌两人互相说一说儿歌的大意，读懂了哪一句就把哪句讲给同桌听。

③推荐一名讲得好的同学到前面汇报。

四、随文拓展，当堂积累

1. 找朋友，走进"青"字家族。

青蛙能保护庄稼，是我们人类的好朋友。在这篇儿歌中，"青"字也有许多好朋友呢，你能从课文中找到它们吗？

出示学习任务（三）

①请你用铅笔把藏在儿歌中的五个"青"字的好朋友圈画出来。

②拿出信封中"青字家族"的五个字，同桌讨论，说说它们都有什么特点。

③同桌之间互相说一说你是用什么方法记住这些字的。

出示课文，突出这几个"青"字的朋友，学生按照"学习任务（三）"的要求同桌展开合作学习。

小青蛙

河水清清天气晴，

小小青蛙大眼睛。

保护禾苗吃害虫，

做了不少好事情。

请你爱护小青蛙，

好让禾苗不生病。

2. 将"清、晴、睛、情、请"分别贴在黑板上，引导学生发现这五个字的特点。

3. 小组内借助学习卡片，分别说一说自己的发现。它们都是"青"字加了一个偏旁组成的一个新字。

4. 指导学生用以前学过的方法来识记这些字（可以用"加一加"的方法识记）。

5. 我们汉字中的规律或道理，你们都理解了吗？

预设："睛"从目，表示与眼有关。"晴"字的本义是雨停天空无云，因此是日字旁。"情"从心，表示与心理活动有关，所以用竖心旁。"请"从言，表示与言语有关……

6. 及时总结形声字的规律。

形声字由两部分组成，一部分表示这个字的意思，叫形旁；另一部分表示这个字的读音，叫声旁。凡是符合以上条件的就是形声字。例如"清、晴、睛、情、请"这五个字都是形声字。

五、指导书写，学以致用

重点指导学生在田字格里书写"青、气、生"三个生字。

1. 教师示范。（提示学生注意坐姿及执笔姿势）

2. 指导观察。（指导要点：仔细观察"青、气、生"的基本笔画在田字格中起笔和收笔的位置。这三个字要写在田字格正中间。要找准主笔，如"青"和"生"的"竖"要写在竖中线上。"青"下面的"月"，撇变竖，要写得宽一点，扁一点，稳稳地托住上半部分；"气"字最后一笔横斜钩的"横"要写在横中线上，"斜钩"向右下方倾斜；"生"字的上半部分要写在横中线以上，第三横最长，中间的横最短，竖要写在竖中线上。

3. 学生练习。按照要求在田字格里练习书写，描一个，写一个。

4. 评价。同桌互评，哪个写得好，好在哪里。写得不好的，要注意哪一笔，应该怎样写，可以当场示范。

5. 修正。把写得不好的修正补写各两个。

【评析】小学语文"三环五步"自导式识字课堂教学模式，强调情境识字，它根据汉字的特点和学生认知规律，把汉字的音、形、义紧密结合起来，把识字教学和阅读教学结合起来，让学生在一定的语言环境中识字；同时教给学生多种识字方法，训练学生识字写字的能力，充分体现学生自主学习、合作学习，把学生自主学习与教师导学结合起来。

创设情境，在交际中学会交际

——小学语文口语交际课堂教学模式

杨春燕

口语交际最核心的目标就是让学生学会交际。其最重要的特点是它的"交互性"，即互动性。口语交际是说和听的互动，是双方或多方的互动，可以说没有互动就谈不上交际。

但是这种互动并不是机械式的"教"或"学"，也不是简单的一问一答，而是应该创设恰当的情境，让互动在具体情境中真实发生。没有情境就没有交际！

江阳区小学语文学科组全体教师按照新课标的要求，通过"国培送教下乡"的实践探索，构建了较好地落实"创设情境，在交际中学会交际"的小学语文口语交际课堂模式，主要有"巧设情境，引发话题""进入情境，方法导引""角色体验，躬身实践""应对互动，评价提升"四个环节，逐步引导学生想说、会说、说好。

现以四年级自选内容"推荐家乡的美食"的教学为例，对小学语文口语交际课堂结构的教学环节进行说明。

一、巧设情境，引发话题

1. 巧设情境

"想说"是内驱动力，是交际的第一步。那么，如何做到这一点呢？情境的创设能打破陌生、隔阂，战胜腼腆、胆怯，激发学生"说"的欲望和冲动，尤其是贴近学生实际的生活化和趣味性的情境。所以，还应该尽可能将情境贯穿一堂课的始终。

案例1：创设情境的内容。

（1）聊天式谈话：同学们喜欢聊微信吗？（学生回答：喜欢）

（2）播放微信聊天录音：老师在北京的好朋友木子一家要到泸州来旅游，希望我能给他们当导游，推荐泸州的美食。

2. 引发话题

在情境中，自然进入交际的话题。

案例2：引发话题的内容。

（1）向学生介绍木子的年龄，引导学生正确称呼。

（2）激发式谈话："你们愿意和老师一起向木子一家推荐泸州的美食吗?"激发学生和自己一起把泸州最有代表性的特色美食推荐给木子一家，让"舌尖上的泸州"给他们留下美好的印象，接着板书课题——推荐家乡的美食。

二、进入情境，方法导引

1. 进入情境

顺着第一环节的情境，步步深入，引导学生进一步融入情境之中。

案例3：进入情境的内容。

（1）语言激励：木子一家很快就要来泸州了，我们得赶紧准备准备呀！

（2）指导学生选取美食：现场百度搜索"泸州最具特色的美食"。（教师提前搜索，预设在先）

（3）播放"舌尖上的中国"视频——古蔺麻辣鸡，学生一边观看，一边注意搜集信息。

2. 方法导引

较之书面语言，口语交际的语言要求口语化，但同样要求做到条理清晰，表达有序。可大量的生活实例表明不少小学生的口语表达存在"浅""泛""乱"等问题，这需要教师讲授方法，搭建支架，提供语言范式，这往往是一节口语交际课至关重要的一环。

案例4：方法导引的内容。

（1）该如何向木子推荐这道美食呢？我们提前演练一下。教师邀请一名学生（或同事）扮演木子（这一环节需要在课前排练好）。

（2）现场角色扮演。

（3）讨论发现：刚才老师向木子介绍的时候和视频上的情境有什么不一样吗？引导学生在比较中得出口语交际的语言口语化更自然、亲切。

（4）夸夸老师：老师推荐得好不好？引导学生从老师的示范中发现问题，教会学生在介绍的时候要做到热情大方、清楚明白（板书）。

（5）重点引导：怎样才能介绍得清楚明白？出示老师和木子的对话，引导学生发现从麻辣鸡的荣誉称号、名称、式样、口感、原料等方面有条理地进行介绍，尽量介绍得清楚明白。

（6）启发引导：是不是每种美食都从这几个方面介绍呢？引导根据美食的特点，既可以减少一些内容，也可以增加与实物有关的故事、传说等，还要根据客人的情况做到因人而异（板书）。

方法导引这一环节的方式还有很多，除了教师亲自示范，还可以请口语表达好的同学进行示范，也可以在具体的情境中进行展示，在评价点拨中悟得方法。具体情况要根据口语交际的内容和学生的实际情况而定。

三、角色体验，躬身实践

"纸上得来终觉浅，绝知此事要躬行"，在学生习得口语交际的方法以后，接下来就应该进行"实战操练"，在交际中学会交际。

案例5：角色体验，交际实践的内容。

（1）选择对象：从木子的家人中选择一人进行介绍（孩子、丈夫、爸爸等）。

（2）思考准备：根据选择对象的特征（身份、年龄等），从课前搜集的资料中选定要介绍的美食，思考从哪些方面进行介绍才能更清楚明白。

（3）交际演练：同桌为一组，一人扮演泸州人民，一人扮演选定的对象进行演练。

在学生演练的时候，教师深入学生中间，及时表扬或点拨。引导学生在生生情境交际中练习交际，做到"会说"。

四、应对互动，评价提升

光"会说"还不行，还得"说好"，这一目标可以在演练之后的交际展示评价中得以实现。

案例6：应对互动，评价提升的内容。

（1）选取小组上台进行交际展示。

（2）其他同学既是观众也是评委。评委主要从是否做到"热情大方""因人而异""清楚明白"三个方面进行评价。

在这一环节，可以多邀请几组学生上台展示。选取向木子及其妈妈、爸爸、丈夫、孩子等不同角色进行交际展示。展示完一组，就评价一次，提升一点，使下一组在上一组的基础上得以不断提升。教师还要根据学生展示的情况，灵活进行调整交际展示的方式，比如教师适时介入情境引导，反复练习展示，拓展向现场的听课老师介绍等。以展促练，以评促提，在生生情境交际、师生情境交际，生生评价、师生评价中最终实现"说好"。

值得一提的是，评价环节的"应对互动"，这是检验一节口语交际课是否成功的重要指标。那么如何引导学生进行应对和互动呢？教师可以这样做：一是就不明白的地方进行质疑；二是就还想深入了解的地方进行追问；三是就自己感兴趣的问题进行请教；四是对他人表现的合理评价。以此增加听说双方交流的"现场感"和"生活化"。

【评析】小学生口语交际课的类型很多，包括复述、讲述、转述、讨论、发言等，但是无论何种类型，其核心都是"互动交际"，本质都是倾听、表达和交流。教学需要建模，但不"唯模"。具体执教的时候，我们要根据口语交际的内容，学生实际情况、教学环境等进行适当的调整和改变，大胆创新和超越。依据这一特点，我们可以建立图 1 的口语交际课基本模式。

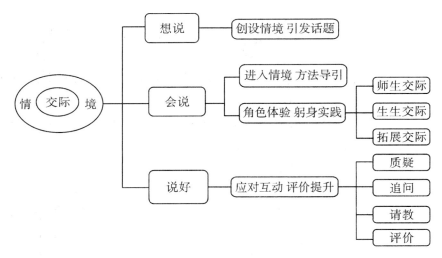

图 1 口语交际课的基本模式

小学语文"四步"习作课堂教学模式

潘春梅　雷婷

江阳区小学语文学科组全体教师按照新课标的要求，通过"国培送教下乡"的实践探索，较好地落实"练能"教学理念下的小学语文"四步"习作课堂教学模式：

第一步：创设情境，激趣导入。作文指导首先要创设情境以便让学生在情感上产生共鸣，让学生写作时变被动为主动，从"要我写"转变为"我要写"，使学生从心灵深处获得一种作文的愉悦感。

第二步：例文引路，精要点拨。学生最喜欢的是向他们展示与他们的思想和生活相接近的佳作，这些佳作不仅能拓宽学生视野，扩大学生的生活领域，陶冶学生的生活情操，还能提高学生对生活的认识和表达能力，给他们的作文训练提供一定的方法技巧。"引路"之后，教师要结合本次作文的训练重点对例文进行精要的点拨，为学生下一步的有效模仿奠定一个良好的基础。

第三步：妙笔生花，个性写作。作文教学应当以学生为主体，尊重学生的个体要求，写出真情实感的文章。小学语文"四步"习作课堂教学是以张扬学生个性，培养学生创新能力为目标的新的有效教学方式。

第四步：互动交流，修改润色。对照写作要求和范文，评议"病例"，诊断"病情"，找出修改点，写出合理而又创意的文章。

【建模课例】

奇妙的想象

（统编小学语文教材三年级下册 雷婷 执教）

一、创设情境，激趣导入

师：我先自我介绍一下，我是雷老师，但是我还有另外一个身份，是一位神奇的魔术师。瞧，魔法师今天给你们带来了一个神秘的礼物（课件出示）。我带的这个礼物是圆形的，可它不是圆圈呀，来，我变（课件出示苹果）。哦，可也不是苹果呀。再变，咦，怎么回事？没有变化呢？原来，这个魔法1个人只能变一次。现在我把这个魔法传给你们，你们试着来变一变（课件出示遮挡圆，抽选学生回答）。

生：我把它变成……

师：你的魔法真神奇，把它变成圆圆的足球；不错，月饼圆圆的，你变的也是圆形的事物；你也变得不错，篮球也是圆形的。

师：同学们，从你们的猜想中，我发现了你们猜的都是圆形的事物。对，圆就是它们的相似点。正是因为我们从它们的相似点出发，我们的想象才更为合理。

师：小手拿起来，跟着我一起书写（师边说边板书——合理想象）。

片段点评：通过熟悉的事物引导学生想象，学生思维的闸门被打开，思如泉涌，展开想象，直接触及本课教学的重点——想象。

二、例文引路，精要点拨

师：可是，遗憾地告诉你们，你们都没有猜对，想知道它是什么吗？

生：想。

师：好，我来揭晓答案。（课件出示一只猪）圆圆的头、圆圆的眼睛、圆圆的脸蛋，还有一个圆圆的大肚子，原来它是一只可爱的小猪。今年的属相是猪年，小猪在这里祝愿大家学习进步！那这个小猪到底在干什么呢？我们来猜一猜（课件出示小猪在草地上的图片，抽生说）。

预设生1：它在草地上玩。师问：那它是怎么玩的？你可以加加动作。玩得怎么样？可以为它加加表情。

生2：它在看。

师问：它在看什么？

生3：它在草地上想。

师问：它可能在想什么呢？

师：小猪在草地上玩耍，走着走着，它看见前方有一棵香蕉树（课件出示：望着这棵高大的香蕉树，那黄黄的香蕉，让小猪的口水都流出来了，此时，小猪会想些什么？会说些什么？会做些什么呢？）

师：现在请用老师给你们的句式自由练习。谁能大胆地试一试？

学生举手示意，踊跃尝试。

师：小猪这么想吃香蕉，那它到底能不能吃到香蕉呢？我们接着往下看。看，谁来了？（课件出示猴子）我们跟小猴打打招呼："小猴，你好！"那小猪、小猴、香蕉树它们之间会有什么事情发生呢？现在我们来做一个游戏，展开想象（课件出示游戏要求）。在做游戏之前，我先请这个班声音最洪亮的学生来读一读游戏要求（课件出示要求：1. 同桌之间一人扮演小猪，一人扮演猴子；2. 合理想象；3. 可以加上动作、表情等）。

师：老师先和同学表演示范，再抽选学生汇报。

师：同学们，刚才你们看到的小猴帮小猪摘香蕉的过程用时只有一两秒，但其实用文字来描写挺难的。请看雷老师（老师表演摘香蕉的过程，做动作）。我们一起来数一数，一共有多少个字？（学生数 1、2……）所以，为了把小猴摘香蕉的过程说得更清楚，让更多的人知道小猴究竟是怎样摘到香蕉的，你看，我们用了这么多的文字（课件出示1：小猴聪聪跑到香蕉树下，抬头望了望，摸摸脑袋心想：这可难不倒我呀！聪聪手脚并用，几下就爬到了香蕉树上，伸长手臂，终于够到香蕉了。它两手抓住一根香蕉，用力一掰，一根香蕉就这么到手了。聪聪大声喊："小猪嘟嘟，你瞧，我摘到香蕉了，你可要接好哦！"聪聪转过身，朝着嘟嘟的方向瞄准，手臂用力一扔，转眼香蕉就落到了嘟嘟面前）。

老师抽选学生读，并出示课件（小猴聪聪跑到香蕉树下，抬头望了望，摸摸脑袋，心想：这可难不倒我呀！聪聪手脚并用，几下就爬到了香蕉树上，伸长手臂，终于够到香蕉了。它两手抓住一根香蕉，用力一掰，一根香蕉就这么到手了。聪聪大声喊："小猪嘟嘟，你瞧，我摘到香蕉了，你可要接好哦！"聪聪转过身，朝着嘟嘟的方向瞄准，手臂用力一扔，转眼香蕉就落到了嘟嘟面前）。

师：我们大家来读一读红色的字（学生边读边做动作）你们有什么发现？［抽选学生回答（动词）］这些词描写了小猴摘香蕉的动作，这就是动作描写。现在我们请看一句（课件出示心理活动句子，抽选学生读）。老师问：这一句是什么描写？生：心理描写。老师板书（心理描写就是对心中所想所思、内心活动的描写）。老师继续问：（课件出示语言描写句子）请女生来读一读这一句，男生发现了什么？学生答：语言描写。

师：刚才我们把"小猴摘香蕉"短短5个字变成了100多个字，我们用到了动作、心理、语言等描写。以后你们在习作中，用上这些描写方法，也会让你们的文章更具体、更形象、更生动。

雷老师看到这一幕，就用笔把它们记录下来了（课件出示例文）。（老师范读例文《友谊的香蕉》）

友谊的香蕉

在一个天气晴朗的星期天，金灿灿的太阳挂在碧蓝碧蓝的空中，小猪嘟嘟在一片绿油油的草地上玩耍。

它走着走着，忽然看见草地前方有一棵香蕉树，它立刻跑过去。"哇，多大多诱人的香蕉啊，一定很甜很好吃！"嘟嘟望着树上的香蕉美美地想着，口水不由得流了出来。"要是我能吃到这树上的大香蕉，该多幸福啊！"于是，嘟嘟开始爬树，它爬呀爬呀，可怎么也爬不上去。"我再努力一次吧。"嘟嘟说。"哎哟，我的屁股。"随着一声尖叫，嘟嘟还是从树上摔了下来。它望着那黄黄的大香蕉，心想：都怪平时贪吃不爱运动，长成这胖乎乎的身材，怎么也爬不上去。它伤心极了。

这时，小猴聪聪走了过来。看见嘟嘟坐在树下，它好奇地问："嘟嘟，怎么了？"嘟嘟哭着把事情的经过告诉了聪聪。聪聪跑到香蕉树下，抬头望了望，摸摸脑袋心想：这可难不倒我呀！聪聪手脚并用，几下就爬到了香蕉树上，伸长手臂，终于够到香蕉了。它两手抓住一根香蕉，用力一掰，一根香蕉就这么到手了。聪聪大声喊："嘟嘟，你瞧，我摘到香蕉了，你可要接好哦！"聪聪转过身，朝着嘟嘟的方向瞄准，手臂用力一扔，转眼香蕉就落到了嘟嘟面前。

嘟嘟和聪聪在草地上你说我笑，开心地吃着香蕉，成了很要好的朋友。

师：同学们，你们看，雷老师把我们刚才所说所想所表演的变成文字，就成了一个有趣的故事。要想写好一个故事，就要有故事发生的时间、地点、人物（老师相机板书）。请一个同学来说一说《友谊的香蕉》这个故事的时间、地点、人物分别是什么？（抽学生回答）一个完整的故事不仅得有时间、地点、人物，还得有人物与人物之间发生的事件，事件又由起因、经过、结果构成（老师相机板书）。《友谊的香蕉》这个故事的起因是小猪想吃香蕉，可怎么也爬不上树；经过是小猴帮助小猪摘香蕉；结果是小猪、小猴都吃到了香蕉，成了很要好的朋友。

片段点评：这部分师生共同活动中，教师创设合理的情境，让学生展开想象。在这一过程中，首先教师让学生对小猪展开一系列的想象，教师提出几个问题并逐一解答，每解答一个问题都要学生展开丰富的想象——异想天开。这样不仅解答了问题，还丰富了故事的内容，使其说得更具体、更清楚。要让学生将想的内容变成一段通顺的话，这是一个难点。为了更好地突破这个难点，缓解难度，为学生提供用角色扮演的方式来自由创作。最后总结归纳方法。方法的总结没有生搬硬套的痕迹，而是一种在不知不觉中受到潜移默化的影响而自然生成的。一步一步地扎实训练，深入浅出，为课堂教学的有序进行展示了清晰的思路。

三、妙笔生花，个性写作

1. 自主选题

师：小猪嘟嘟不仅来到了我们的草地上，你们看，它还来到了哪里？（课件出示：学校、医院、动物园、沙滩、森林、海洋馆……）小猪还有可能来到哪里呢？（抽选学生说）除了小猴这位伙伴，它还可能有这样一些伙伴（课件出示：小牛、米老鼠、小鱼、小狗、蜗牛……）小猪可能遇到谁呢？（抽选学生说）现在我们要来说一说这个故事。请用上下面的句式跟你的同桌练说（课件出示句式，抽选学生说）。

师：你们看，你们的想象力真丰富，敢于大胆想象（教师相机板书）让故事更有趣。

师：同学们，在我们的习作中，只要用上合理、大胆的想象，故事中有时间、地点、人物、事件，事件又由起因、经过、结果构成，写的时候一定用上动作、心理、语言等描写，让故事更加生动。今天还要告诉你们一个好消息：出版社联系了我，要给我们班的孩子出一本书，这本书的名字叫《我为猪猪写故事》。请按黑板上的要求，认真写，争取让你的故事也出现在这本书上。现在请你们给这个故事取一个好听的名字，把它工整地写在作文纸上（教师巡视）。老师很期待你们的故事，现在请继续写下去吧。

2. 个性写作：播放音乐，生写故事，教师巡视

片段点评：以小猪的活动继续发散学生的思维，老师对"练笔"的要求清楚明白，所以呈现出来的就是精彩。

四、互动交流，修改润色

1. 在刚才的巡视中，太我惊讶了，你们都是小作家！哪些孩子想大胆地展示你们的作品呢？（学生展示作品，互动交流）

2. 同学们的故事非常精彩，不过，猪猪还有更多有趣的故事，都在你们的作文纸上。我们要认真修改，用上黑板上的习作方法，让你的故事更完美！（学生修改）

3. 今天，你们的故事都收进了《我为猪猪写故事》这本书里，祝贺大家都成了小作家！

【评析】如何让学生想写、写什么、怎么写是作文教学的三个关键问题。小学语文"四步"习作课堂教学模式首先解决了学生想写这一起点性、根性的问题，通过情景与活动刺激学生想写，再通过提供情景材料，鼓励大胆想象，明确写什么，最后通过例文示范进行怎么写的指导，这样有了习作前的煽动、习作中的鼓励和习作后的欣赏，就能很好地突破作文教学的几个关键点，习作教学课堂也会更加有效。

小学语文全自主练能课的课堂教学模式

邹葛明

一、小学语文全自主练能课的含义

小学语文全自主练能课，是指学生在课前毫无准备，甚至不知道要学哪一篇文章的情况下，按照一定的流程现场自学，临时准备展练，再通过展练强化知识巩固和能力训练的全自主练能课。

所谓全自主，就是不用教师去讲授，甚至不需要教师去组织课堂，学习活动完全交给学生自主进行。所谓自主练能课，就是这样的自主课堂，不仅要完成知识的学习，更要强化语文能力的历练，并且这种课堂的常态化运行，也是彰显学生能学会学的能力的过程。

开设这种课堂的基本理念是：①教是为了不教；②能力历练比知识学习更重要；③关注每一个学生的真正参与，扎实练能；④致力于学生主体精神的唤醒；⑤教师要做享福型教师，不要做苦力型教师。

二、小学语文全自主练能课的课堂教学流程

小学语文全自主练能课，分七步运行。整个课堂都在学生主持人的带领下进行。可用这样的流程学习一篇文章，一般为两课时，也可以为三课时。

1. 第一步：小班班长牵引，当堂分组预习

全自主语文课从当堂分组预习开始，预习的质量决定展练的效果。

分组预习时，学生要在课堂上，在小班班长的带领下，以小班为单位，在规定时间内（一般 40~50 分钟）完成预习任务。

以学习《桃花心木》为例：

（1）一起读标题，老师提问：桃花心木有什么特点？是怎样种植的？请一个同学先说，大家补充。再通过看语文课本和查阅资料，了解作者林清玄及其写作背景（作者简介、"资料袋"），最后我们相互考一考，看谁记住的关键信息最多（要求抓关键词自圆其说，不许死记硬背）。

（2）在读课文前，我们一起来标段。

（3）根据"读读记记""读读写写"圈生字词（插秧、枯萎、一番、锻炼、优雅、勃勃生机）、多音字（散）和成语（无缘无故、语重心长、狂风暴雨），先自己在书上圈，没有的词语补充在书上，在"词语盘点"中词语部分的左上角注明这个词是哪一课的，便于期末根据出处回顾、复习。请一个同学把圈的词语读给大家听，大家对照自己勾画的词语，看看有没有遗漏的。

（4）看拼音自己读勾的词语，把边鼻音、前后鼻音和平翘舌简单标注在"词语盘点"的"读读记记"中（如挪［nuó］鼻音，蒸［zhēng］翘舌音+后鼻音），然后自己练习，直到读准字音。（读完了，组长继续说）我们先轮流朗读，给读不准的同学纠正读音，再齐读，看谁读得准、记得牢。

（5）课文中有没有没学过或读音不确定的多音字，大家分头找找，一分钟后我们根据意思，确定它在文中的读音，再请同学说说它的其他读音和意思。例如"转化"的"转"在这里是指改变，所以读zhuǎn。

（6）先自己练习读课文，不要掉字、添字、改字，发现读不通的地方"倒带"读三遍，读正确后再接下去读。

（7）接下来我们轮流朗读，读的同学声音要洪亮，吐字要清晰，听的同学看着书，注意及时给他纠正，提醒他停下来，仅对失误处"倒带"强化读三遍，再接着往下读。轮流朗读后，小班齐读全文再同桌赛读。

（8）以小班为单位，结合课后习题思考如何确定练能点。

2. 第二步：助教带领，全班商议，确定练能点

分组自学后，助教上台带着全班讨论，直到把本篇课文的练能点确定下来。助教可以先请同学来说，也可以先抛出自己的想法，并阐明理由，引发全班讨论。若意见产生分歧，助教要根据选点的原则来启发大家。讨论的尾声，助教有责任根据讨论情况，综合大家的意见，确定最佳选点方案。此刻，教师可视情况决定是否介入。

以学习《桃花心木》为例：

助教 1："好好读"，可以展练 12~13 自然段，因为学生可以从"不确定""如果……就……""一旦""幸而……"这些关键词入手，深入体会作者要表达的意思和情感，而且种树人用正说、反说的方法清楚地阐释了这样种树的原因，通过"好好读"，可以更深地领悟话语中的深意。

助教 2："好好说"，可以请同学们说清楚"种树人种植桃花心木的方法与普通的种树人有什么不同？"因为能清楚地说出种树人与众不同的做法及想法，更有助于领会文章主旨。

助教 1："好好写"，可以展练 14 自然段，这是作者的感悟，且生活中也有许多"不确定"，我们就可以联系生活实际书写生活中的"不确定"，这不仅可以练笔，还可以让体会更深入。

大家充分研讨后，最后确定本课篇章展练的练能点。

3. 第三步：围绕练能点，独立思考，个人"跑全程"

练能点确定后，先不急于让大家分组讨论，而是给足时间，让每个学生都围绕选好的点，依照展练的板块、顺序，独立思考如果自己上台展练，用什么有创意的方法让大家"读得绘声绘色，说得头头是道，写得入情入境"。"跑全程"是种形象的说法，即在小班讨论前，每位学生都独立对所有板块进行快速梳理，在头脑中完成方法的选定和简单的预设、预演，心中有数后，讨论时才能做到各抒己见，扬长避短。

以学习《桃花心木》的个人"跑全程"为例：

个人独立思考主要内容可以用哪些方法来概括，为什么？"好好读"要读出什么感情？抓住哪些关键词谈体会？"好好说"可以说什么？怎样设计演说提纲？创设什么情境，可以让每位同学说过关？"好好写"是写什么？为什么写？怎么写？如有的同学可能会在脑中这样构想：主要内容可以用流程图来呈现，因为这篇文章是按照事情发展顺序写的，我们就可以从起因、经过、结果来设计流程图。"好好读"要读出作者想要表达的"人从小就要在不确定中学会独立自主"的中心，可以抓"不像""模仿""自然"等关键词。以此类推……

4. 第四步：小班"跑全程"，各抒己见，统一共识

学生独立构思、策划后，由小班班长带领全组按展练流程（抓主要内容，"好好读""好好说""好好写"）逐一讨论，各抒己见，最后在展练方式、方法上达成共识，形成共案，即小班"跑全程"。

5. 第五步：助教按照大组布置任务，每组分头排练

每个小班都初步形成了各自的共案后，助教上台，以大组（一般是2~3个小班为一个大组）为单位，进行轮换式的任务分派。比如，一大组展练主要内容，二大组展练"好好读"，"好好说"和"好好写"分别交给四大组和三大组。这样操作是为了让每组同学在排练时都积极参与，即使没被抽上台，在台下也有能力评价或补充，与台上同学进行互动。任务分派结束，各组依照分工开始排练。（为了做到"起承转合"都由学生自主，实现最大化地练能，可以轮流或抽取一个小班来主持展练。）

以学习《桃花心木》为例：

助教1：接下来由我们两个助教来分工。

助教2："好好读"的展练就交给××大组。

助教1：哪个大组愿意展练好好说？就交给××大组。

助教2："好好写"的任务就交给××大组。

助教1：（最后一个大组中抽小班）主要内容展练就由××小班展练。

助教2：（最后一个大组中抽小班）生字词展练交给××小班展练。

助教1：（最后一个大组中抽小班）主持的任务交给××小班。

助教2：剩下的小班负责各组展练后的评价。

助教1：请同学们根据我们的分工进行策划、排练。

6. 第六步：助教从大组中分别抽取小班上台展练

排练结束，助教从大组中各抽取一个小班上台展练，包括展练主要内容的"好好读""好好说"和"好好写"。

以学习《桃花心木》为例：

在完成了前五步之后，我们开始抽小班。

助教1：接下来由我们两个助教来抽小班。

助教2："好好读"就交给××小班。

助教1："好好说"就交给××小班。

助教2："好好写"的任务就交给××小班。

助教1：接下来有请主持小班上台。

7. 第七步：上台小班以展带练，台下小班补充评价

被抽到的小班，依次上台进行展练。其余小班肩负着补充、评价的使命，而且在排练环节，也做了同样的准备，因此就不能，也不会置身事外。这时我们会看到自主课堂焕发光彩：展练小班以展带练，抛砖引玉；台下小

班补充评价，积极互动。

显然，展练是自主练能课的重要且精彩的环节，《桃花心木》也不例外……

【展练主要内容】

目标：让同学们都能概括《桃花心木》的主要内容。

1 号：介绍作者和背景。

林清玄（1953 年 2 月 26 日—2019 年 1 月 23 日），生于中国台湾地区高雄市旗山区，毕业于中国台湾世新大学。系当代作家、散文家、诗人、学者，笔名有秦情、林漓、林大悲、林晚啼、侠安、晴轩、远亭。

2 号：用图 1 的方法概括本文的主要内容。

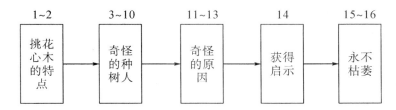

图 1　展练主要内容流程

3 号：用一句话概述本文的主要内容。

这篇文章主要写了种树人顺应大自然的规律，让树扎根生长，长成百年大树，我也从中获得了启示，即人要在不确定中学会独立自主，不能养成一颗依赖的心。

4 号：带着大家选用一种有练习价值的方法练说，抽选同学说或同桌互说。

【展练"好好读"】

点：12~13 自然段。

目标：让每个同学做到读准、读通、读懂、读美。

1 号：带领同学读准字音，读通句子。

我先来示范读……提醒大家："模仿"的"模"字，是多音字，在这里读 mó，另一个读音读 mú "模样"的"模"。我来断句，我先出示朗读符号：朗读符号：/短暂停顿，. 读重，↗语调上升，↘语调下降，__ 语速放缓慢。我找出的长句有：①所以，树木自己要学会/在土地里/找水源。②我浇水↗只是模仿老天下雨，老天下雨/是算不准的，它几天下一次？↗上午或下午？↘一次下多少？③如果/无法在/这种不确定中/汲水生长，树苗自然/就枯萎了。下面自主练读，同桌赛读，抽生轮读，全班齐读。

2号：带领同学抓关键词谈体会。

出示提纲。我从_____体会到了：①_____，②_____，③_____。在生活中也有相同的案例，如_____。我先来示范说，从文中的三个问号我有以下体会：①生活中有许多不确定；②种树人之所以不按常规去浇灌桃花心木的原因；③我们要在这种不确定下拼命"汲水生长"。在生活中也有相同的案例，如父母对我们也万分严格，为了让子女长大养成独立自主的心，所以放手让自己独立做事（抽生练说，同桌互说）。

3号：解释段意，让同学理解性记忆。

我先来示范说：这两个自然段的意思是种树人告诉我种树的道理——只有种树不规律才能让树独立生长，长成百年大树。

4号：带领同学朗读。

在读这两段时，我们要读出作者对桃花心木种树人的敬佩之情。自由练读，男女赛读，全班齐读，注意读出作者想要表达的思想感情。

【展练"好好说"】

点：3～10自然段。

目标：通过展练，大家要说出桃花心木种树人与普通种树人的区别。

1号：出示言说提纲。

桃花心木种树人与普通种树人有____个不同：

普通种树人(怎么做)，而桃花心木种树人(怎么做)。

普通种树人 (怎么做)，而桃花心木种树人 (怎么做)。

普通种树人(怎么做)，而桃花心木种树人(怎么做)。

这样做的好处是(什么)，如果不这样种植会(怎么样)。

……

请同学们继续思考并练说。

2号：我先来示范说。请同学们自由练说，同桌互说。

3号：创设情境。

4号：说说桃花心木种树人种树是为了什么？

【展练"好好写"】

点：14自然段。（抽学生回答生活中还有哪些"不确定"。我们学会独立会怎么样？没有学会独立又会怎么样？)

目标：通过展练"不确定"体会生活中当意外、挫折、磨难、打击来临时，要独立自主的道理，并且学会用正说和反说的方法来阐述自己的观点。

1号：理解"不确定"，出示言说提纲。

"不确定"在文中指_____，所以我得出"不确定"的意思是_____，因为_____，在生活中也有这样的"不确定"，如（简要举例）。

2号：出示作文题，提醒写法。

作文题：生活中还有哪些"不确定"，学会独立会怎么样？如果没有学会独立会怎么样？请举例写下来。我认为的关键词是"学会"和"没有学会"，说明我们可以正着写和反着写，例如在生活中遇到不顺心的事时，如果你已经学会了独立，就能很快接受现实，努力地迎接新的生活；如果还没有学会独立，沉浸于消极情绪中自暴自弃，就会无法从痛苦中脱离出来。

3号：出示构思提纲，示范说。

生活中的"不确定"还有_____，因为我独立了，所以（怎么样），如果我没有独立，结果会（怎么样）。所以，当我遭遇这些"不确定"时，我的做法是_____。

抽同学说，同桌互说。

4号：当堂练写。全班交流，简要评价。

【展练生字词】

目标：让同学们读准并会正确书写生字词，理解并运用新的四字词。

1号：范读、提醒易错读音。

我来提醒易错读音："幸而"的"幸"是 xìng；"转化"的"转"是多音字，读 zhuǎn，因为在这里指改变。请大家为我补充。自由练读，抽同学读，同桌赛读。

2号：解释词语。

我来解释"语重心长"的意思，语重心长指话说得诚恳，情谊深长，耐人寻味，依据是"如果我每天都来浇水……也会一吹就倒"，"听了种树人的一番话，我非常感动"，因为只有话说得诚恳，情深意长，耐人寻味才会让人感动，我联想到我犯错时，老师也会语重心长地开导我、教育我，让我感触很深。找近、反义词，如近义词枯萎——枯败，基业——根基，等；

反义词优雅——粗鲁……请大家为我补充。

3号：提醒易写错的字。

"蒸融"的"蒸"四点底上有一横，就像与火接触的锅底；"无缘无故"的"缘"右上角是撇折和横折像两只手一样交叉……请同学们补充。

4号：标准听写、"花式"听写。

听写近、反义词，或说出意思写相应的词语，同桌互改。

【评析】小学语文全自主练能课的课堂教学模式是适合于四至六年级学生的语文课型。它把自学放在课堂上，解决了学生回家自学无法充分保证质量的问题。这种教学模式可以真实地向大家展现班级学生是怎样当着大家的面，对一篇陌生文章做到即时自学、即时展练，做到学到位、练扎实的。这样才是真正把课堂还给了学生，让学生完全成为课堂的主人。

小学数学概念教学的课堂教学模式

李敏

小学数学课根据教师的教学形式进行分类，可以分为新授课、练习课、复习课、讲评课、活动课等；根据课的知识类型进行分类，可以划分为概念课、计算课、统计课、解决问题课、图形课、综合实践课等。几乎在每一个新知识的起始课阶段，学生最先接触到的都是数学概念。

数学概念是构成小学数学基础知识的重要内容，是后续学习其他数学知识的基础。概念教学应关注概念的获取过程，让学生经历概念的形成过程，在操作观察中感知，在归类中感悟，在辨析中提高。现结合国培计划（2017）江阳区送教下乡活动中泸州师范附属小学城西学校王晓玲老师执教的示范课《认识周长》为例，谈一谈小学数学概念教学的课堂教学基本环节。

一、创设情境，提供素材，感知概念

数学概念大多是枯燥、抽象的，而小学生对直观、具体的感性材料更易理解和接受。因此，教师在进行概念教学时要创设贴近学生实际生活的情境，提供真实的素材，激发学习兴趣，引发数学思考，为学生理解概念奠定基础。

《认识周长》片段（一）

（1）谈话：引出课题。

（2）说明：在认识周长之前，我们首先要认识一周。

（3）问题情境：课件出示小明5天在操场跑步的情境，说说他哪一天是跑了操场的一周，并说明理由。如图1所示。

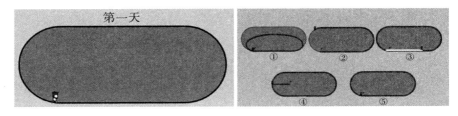

图1　小明5天在操场跑步的情景

（4）交流辨析，明晰一周。

①想一想、说一说：小明哪一天是跑了操场的一周，并说说理由。

②指一指、说一说：怎样才算是跑了操场的一周？（从一点出发、沿着边线、一圈后回到出发点，这就是操场的一周）

③变一变、指一指：小明从另一个起点绕操场跑一周，可以怎么跑？

④小结：无论从哪个点出发，只要沿着它的边线，一圈后又回到这个点，就是操场的一周。

【评析】将学生引入熟悉的生活情境，通过观察、交流、辨析，学生可以初步感受"一周是从任意一点出发，沿着边线一圈后回到出发点"。操场跑步的情境既激发了学生的学习兴趣，又联系了学生的生活经验，为后续学习做好充足准备。

二、探索研究，分析素材，理解概念

学生数学概念的获得需要教师的引导和启发，学生要进行充分的观察、操作、分析、比较等感知活动，在独立思考、小组合作、互动交流的过程中归纳总结，经历概念的形成过程，形成对概念的初步理解。

《认识周长》片段（二）

1. 操作体验，感受一周，理解周长

（1）摸一摸：摸一摸长方形纸片（规则图形）的一周。分别抽生上台演示、同桌互相演示、抽多位学生演示更换不同起点摸出一周。

（2）摸一摸：将长方形纸片随意撕裂，变不规则图形，再摸一摸它的一周。

（3）指一指：指出身边物体某个面的一周。

（4）描一描：用彩色笔沿着下列图形周边描画一圈。

（5）想一想：闭眼想象家里电视机屏幕的一周。

（6）归纳、概括、理解：

①区分封闭图形和不封闭图形。

②揭示周长的概念：只有封闭图形才能从一点出发，沿着边线，一周后，又回到这点。在数学上用一个字表示，就是"围"（板书：围）。围封闭图形一周的长度就是图形的周长。

2. 探索研究、分析比较，建构周长

（1）建构周长，比较周长。

①情境：蚂蚁和瓢虫进行爬一周的比赛。

猜一猜，它们谁爬的路线要长一些？

②阅读小组合作提示，明确任务要求。

③小组活动，教师巡视指导。

④汇报交流：展示各组测量过程和结果。

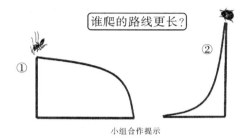

谁爬的路线更长？

小组合作提示

1.想一想：先想好测量工具和测量方法
2.量一量、记一记：把测量的数据记录下来，取整厘米数
3.算一算、比一比：谁爬的路线更长

⑤教师评议：化曲为直的转化思想。

（2）反思总结，抽象概括，思考交流。

（3）师生共同总结，进一步深化周长的概念：周长就是围绕图形一周的长度，将所有边线的长度逐个相加，就得到了图形一周的长度，也就是图形的周长。

【评析】通过"摸一摸""指一指""描一描""想一想"等活动，学生可以在动手实践中充分感受规则图形、不规则图形、身边物体某个面的一周，逐步认知并构建起"只有封闭图形才有一周""围封闭图形一周的长度就是图形一周的长度"的认识。

在"谁爬行的路线长一些？"的趣味探索活动中，学生通过独立思考、交流讨论、合作测量、计算比较、推理分析等，对"周长"的感受和理解逐步丰满、立体，明确"围绕图形一周的几条边的长度总和就是图形的周长"，形成对"周长"概念的初步理解。

三、拓展延伸，辨析比较，强化理解

概念的形成需要经过多层次的分析、比较、综合、抽象、概括。只有丰富概念的内涵、拓展概念的外延、设计多层次的辨析活动，加上反复辨析比较，认识共性和本质，分清易混淆的概念，纠正错误的认识，这样才能让学生真正把握概念的核心内容，加深对概念的理解。

《认识周长》片段（三）

1. 排除图形大小对理解周长的干扰

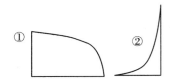

（1）师：通过测量，我们发现两个图形的周长是相等的。但为什么刚开始猜测周长的长度时，大多数同学都认为1号图形的周长更长呢？是受到什么因素的影响呢？（感觉1号图形面积要大些，所以以为周长也长些。）

（2）小结：比较周长的时候，不能单纯关注面积的大小。

（3）推理证明：课件演示把蚂蚁和瓢虫爬的图形合在一起变成长方形。学生根据长方形对边相等和共用公共边解释的原理，不测量也能推导两个图形的周长一样长，进一步巩固对周长概念的理解。

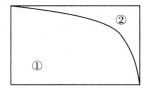

（4）巩固周长概念。

2. 弱化图形形状对理解周长的干扰

（1）分别用8根同样长的小棒摆成的长方形、正方形和三角形，它们的周长一样长吗？为什么？

（2）这3个图形有什么共同点？

（3）小结：不同形状的图形，它们的周长有可能是一样的！

3. 排除图形内部线条对理解周长的干扰

（1）出示长为2米的长方形，它的周长可能是多少米？（6米）

这个长方形的周长可能是多少米?

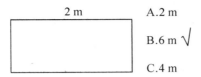

A. 2 m

B. 6 m √

C. 4 m

（2）如果在长方形的中间加一条线段，周长会发生变化吗？为什么？如果再加两条线段，周长又有什么变化呢？

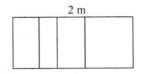

（3）小结：周长是围绕图形一周的长度，和图形内部的线条没有关系。

【评析】回顾"谁爬行的路线长"以及"8根小棒摆图形""图形内部画线条"等多样辨析活动，学生可以进一步明晰"周长"的概念本质，排除"面积大小""图形形状""内部线条"等对"周长"概念的干扰。

四、巩固提升，实际应用，形成认知

学习数学概念的重要目的是运用概念解决实际问题，通过多形式的概念应用来感受数学与生活的密切联系，感悟数学概念之间的内在联系，促进概念在学生认知结构中的巩固和提升，使新概念的认知得以真正建立。

《认识周长》片段（四）

1. 对接生活应用，体验周长的价值

（1）情境：妈妈帮冬冬买帽子，需要量冬冬的头围。

（2）情境：小土豆的裤子腰围尺寸不合适，则需要量腰围。

（3）说一说周长在生活中的应用。

2. 总结拓展，思考引出新的问题

（1）通过今天的学习，你收获了什么？

（2）拓展：出示某奶茶广告语"一年销售的奶茶杯子可以绕地球的一圈"。让学生思考并在课后继续探究与周长有关的问题。

【评析】紧密联系生活，运用所学知识解决生活中的数学问题，感受数学的应用价值。概念教学需要教师在对教材的正确解读以及准确了解学生"前认知"的基础上，通过选择适当的学习材料，设计科学合理的教学活动，引导学生经历概念的形成过程。概念教学主要围绕"感知概念—理解概念—运用概念"的线条展开。图2为概念教学的思维导图。

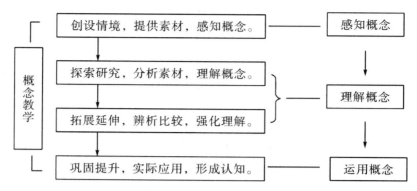

图2　概念教学的思维导图

在概念教学中，概念不是由教师"教"给学生，而是教师的"教"真正服务于学生的"学"，为学生创设更多的学习和建构的机会，让学生做学习的主人，让学生经历自主建构形成概念的过程。在教学中，教师不仅要关注学生学到了什么，更要关注学生是怎么学习的，还要关注学生在学习过程中的态度如何，从而促进学生获得全面、生动、积极、和谐的发展。

需要特别强调的是，教学模式是在一定的教学思想或理论指导下建立的较为稳定的教学活动结构和活动程序。这个结构不是机械或僵硬的，而是要因人、因材、因时等客观因素而合理灵活地运用。任何一个教学模式都不可能一劳永逸，必须根据具体实际进行必要的调整、增删、穿插、融合。

小学数学"二六三"立体课堂教学模式

彭燕

"江阳区国培计划（2017）"已全面完成，在教育局的统筹安排下，江阳区教研培训中心将培训的各项工作层层分解，扎实开展"国培"各项工作，取得了实实在在的培训效果，营造了浓厚的师训氛围，深受学校和教师的广泛赞誉与好评。江阳区小学数学在国培中把线上研修和线下培训相结合，通过线上理论学习，线下实践研讨，在新课标的指导下，以发展学生核心素养和学习能力为目标的教学需要，建构起让学生自主学习、自主发展，由教师引导的小学数学"二六三"立体课堂教学模式。

一、"二六三"立体课堂教学模式的特点

小学数学"二六三"立体课堂教学模式，呈现出以教师为主导、学生为主体的学生自主学习的教学模式，关注学生学习的空间和时间，形成立体的学习环境，让数学学习变得生动，从而激发学生学习数学的兴趣。

（一）"二"的含义

"二"为"二个自主"，即学生的自主学习和学生的自主发展。

（二）"六"的含义

"六"为"六个环节"，即课堂结构的六个环节，如图1所示。

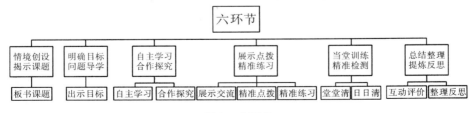

图1 六环节

1. 第一环节：情境创设，揭示课题

有效的情境创设不仅可以为引出课题做好准备，同时，也可以激发学生对新知的好奇心和探究欲。

2. 第二环节：明确目标，问题导学

这一环节出示学习目标，通过任务驱动，让学习目标更明确。

3. 第三环节：自主学习，合作探究

（1）自主学习。

学生是学习的主体。自主学习不仅是突显学生主体的方式，更是学生学会终身学习的重要学习方法。根据不同年龄段，不同班级特点，教师要针对性地采用课前自主或课中自主的学习方式，让学生独立地分析、探索、实践、质疑、创造，并适时、适度给予学生自学指导。

（2）合作探究。

学生在自主学习中暴露出来的错误和疑难问题，应进行合作探究，同时教师要给予适时引导，释疑解惑。

4. 第四环节：展示点拨，精准练习

（1）展示交流。

展示交流是整个课堂的主旋律，学生通过动口、动手、动脑来展示学习成果。教师在此过程中要鼓励学生大胆阐述自己与众不同的见解和意见，调动全员学生参与的意识和积极性，以思促动，以学促教。

（2）精准点拨。

精准点拨是教师发挥"主导"作用最重要的手段。当学生在解决重难点问题且难以用现有认知水平去理解时，教师要予以点拨或补充；当学生的讨论交流偏离主题时，教师应适当点拨，把他们拉回主题；当学生对相关知识进行归纳总结时，教师可给予方法或方向的点拨。通过教师给予的精准点拨，学生可以掌握思考的方法、明辨是非的方法以及解决问题的方法，从而拓展创新思维，开阔视野，提升能力。

（3）精准练习。

精准练习是将整堂课的知识点、重难点与练习绑定，这样的练习具有即时性和针对性，通过练习反馈，教师可即时调控教学进度。

5. 第五环节：当堂训练，精准检测

针对课堂学习目标，进行当堂训练，能引导学生通过练习把知识转化为解决实际问题的能力，检测学生是否当堂完成了学习目标，从而减轻学生的课外负担。教师根据学生掌握知识的具体情况，利用课堂剩余时间来辅导学生，力争堂堂清，确保日日清。

6. 第六环节：总结整理，提炼反思

（1）互动评价：包括自评，互评等评价方式。

（2）整理反思。利用思维导图对知识点、方法及其运用，以及知识的前后联系等内容进行整理和反思，建立知识框架，串联知识、迁移方法，形成立体的知识体系。

（三）"三"的含义

"三"是指三个立体：一是指以知识学习、能力培养和情感态度为一体的立体内容；二是指以课前、课中、课后为一体的立体时间；三是指以学生、老师、家长为一体的立体空间。

二、"二六三"立体课堂教学模式结构图

图 2 为小学数学"二六三"立体课堂教学模式。

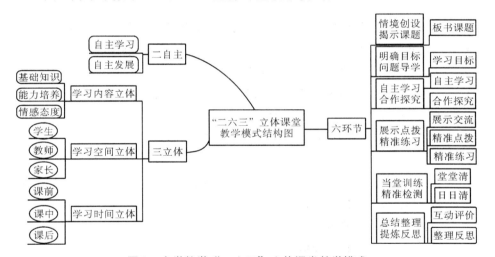

图 2　小学数学"二六三"立体课堂教学模式

三、小学数学"二六三"立体课堂教学模式的环节

（一）环节一：情境创设，揭示课题

要使学生产生高昂的情绪、形成高度活跃的思维、激发强烈的自主探索的欲望，教师可结合新旧知识和学生的知识能力现状，独具匠心地设计出一些具有"真实性""发展性""探究性""数学味""吸引力"的问题情境，给学生营造一种"心求通而未得"的教学氛围，使自主学习成为可能，让学生在"我要学习"这一意识的强烈驱动下，自觉主动地加入学习情境之中。

《三位数除以一位数的口算》片段（一）

老师在上课之前拿出卡片，要求学生以"开火车"的形式来复习旧知识。

师：春季运动会刚刚落下帷幕，老师想带大家去感受跳绳比赛的现场。

师：请大家仔细观察小朋友们跳绳的图片，你能帮他们算一算平均每分钟跳了多少个吗？如何列算式呢？

学生列出不同的除法算式。

师：同学们真棒！可是这些算式好像我们没有学过，该如何计算呢？

学生口述计算方法。

师：你真是爱动脑筋的好孩子！要解决刚才提出的问题，我们就要用到三位数除以一位数的有关知识。今天我们就一起来学习"三位数除以一位数的口算"吧！（板书课题）

【评析】通过重现身边真实有趣的跳绳比赛情境，让学生发现数学信息，提出问题，在情境中体验学习三位数除以一位数的必要性。

（二）环节二：明确目标，问题导学

《三位数除以一位数的口算》片段（二）

师：请看学习目标（课件出示学习目标）。

学生齐声读学习目标，并在明确学习目标后，有针对性地展开自主学习。

【评析】揭示课题后，教师在课件上出示学习目标，以任务驱动学习自主学习，让学习的目标更明确。

（三）环节三：自主学习，合作探究

自主学习是学生自主获取知识、自主发展的重要学习方式。教师应积极优化师生关系，将思考空间、表达机会和结论发现过程都留给学生，真正体现学生的主体地位，让学生体验自主探索的快乐。

在学生自主研究的成果基本形成以后，老师要引导学生在小组内合作探究，对探索发现的结论或成果进行评价总结，让学生思考自己的发现是否充分合理、问题解决是否最优化、有何意义等，在合作探究中进一步增强学生的合作能力以及探究能力。

《三位数除以一位数的口算》片段（三）

1. 自主观察，提问列式

师：校园要举行植树活动，同学们，能帮助老师分一分小树苗吗？（出示课件和示例 1 的图片），谁能用简洁的语言表示题中的条件和问题？

生：一共有 600 棵树苗，平均分给 2 个班，每个班有多少棵树苗？

师：你们能独立列出算式吗？

生：600÷2（很多同学不仅能列算式，还能说出结果了）。

2. 自主学习，实践探究

师：很多同学都能算出正确的结果了，你们是通过什么方法得到的呢？请同学们借助学具或之前所学知识，把你的想法通过动手或动口的形式表达出来吧。请看自学指导（教师出示自学指导）：

【自学指导】

自学内容：教材第 49 页例 1。

自学方法：

（1）动动手：可以利用学具摆一摆，画一画。

（2）动动脑：想一想可以利用以前学过的哪些知识进行计算？

（3）动动口：与同桌交流你的想法。

自学时间：3 分钟。

生：学生按照自学指导进行学习，并完成例 1 的计算。

师：巡视指导，做到心中有数。

3. 合作探究，理解算理

师：刚才同学们通过自学，已经对三位数除以一位数有了自己的想法和算法，接下来，请每名同学在小组内交流你们的想法，大家可以大胆提问。

生：小组按顺序进行交流，同组有疑义的，再做进一步的分析、探究。

老师要观察并注意每组同学的倾听和发言的情况，及时做好调控。

【评析】《义务教育数学课程标准（2011 年版）》一书中提出："有效的学习活动不能单纯地依赖模仿与记忆，动手实践、自主探究与合作交流是学生学习的重要方式。"学生的自主学习，必须建立在已有自主学习能力的基础上，同时教师在教学中不仅要对自学内容、自学方法以及自学时间有明确的要求，而且还要让学生的自学有针对性、目的性和可操作性。学生在自学中已初步掌握了认知能力范围内的计算方法和算理，并最大限度地拓展思维，锻炼能力，在合作探究中去发现不同的算法，从而让智慧发生碰撞，思想实现交融。在合作学习的过程中，老师一直在观察、调控，这既能培养了学生良好的倾听习惯，也让每一位同学都有表达自己看法的时间与机会，达到互相促进、共同成长的目的。

（四）环节四：展示点拨，精准练习

《三位数除以一位数的口算》片段（四）

1. 展示点拨

生：汇报展示。

方法一：转换思维。$60 \div 2 = 30$，所以 $600 \div 2 = 300$。

方法二：想乘算除。因为 $300 \times 2 = 600$，所以 $600 \div 2 = 300$。

方法三：数的组成。将 600 隐去 2 个零 0，也就是 $6 \div 2 = 3$，再在后面加上 2 个 0，就是 300。

师：把 600 隐去 2 个 0 是什么意思呢？

有的学生陷入了疑惑；而有的同学心里清楚，但不会表达……

师：刚才我看到有同学在利用老师发的学具，请同学利用学具把你的算法摆一摆。

生 1：计数器拨一拨。

生 2：数小棒分一分。

生 3：画图法画一画。

……

师：同学们请看，刚才大家说不清、道不明的这个方法，我们可以用计数器、小棒或是画图等方法来表示，对吗？也就是刚才隐去 2 个 0 的方法，其实就是把 600 看作 6 个百，6 个百除以 2 得 3 个百，3 个百就是 300，所以 $600 \div 2 = 300$。

【评析】计算教学必须让学生在理解算理的基础上掌握算法。分析以上三种计算方法，由乘做除、利用旧知解决新问题对学生不是难事，而第三种方法在从算理上来说，学生不易理解，从算法上来说是一种之后常用的方法，也是必须掌握的方法。教师可以让学生通过自主学习，掌握一些适合自己思维的计算方法。而第三种口算方法是通法通则的计算方法让学生掌握。教师要适时引导，尊重学生的认知规律。例如，提问"把 600 隐去 2 个 0 是什么意思呢？你们理解吗？"当学生对这个问题无法解答时，可以让学生合作探究，利用学具摆一摆，画一画，把抽象思维变得直观化、可视化，在操作中理解了隐去 2 个 0 背后的数学本质，从而真正理解算理。

2. 精准练习

师：你们学会了几百几十除以一位数的口算方法了吗？老师来考考大家。有信心吗？

（1）基础练习：幸运大抽奖。

规则：

①两人一组，合作完成。

②由一人抽出信封中的口令卡，另一人快速地说出口令卡上的答案。

③答完所有的口令卡请举手示意，比一比，哪组最快？

（2）对比练习：你发现了什么规律？

$3÷3=$ $25÷5=$ $9÷3=$ $40÷5=$ $72÷8=$ $30÷6=$

$300÷3=$ $250÷5=$ $900÷3=$ $400÷5=$ $720÷8=$ $180÷3=$

（3）拓展练习：我爱投篮。

【评析】有效设计练习题组有利于帮助学生进一步理解巩固知识，化知识为技能，化技能为技巧，化技巧为思维。因此，课堂上的练习设计一定要紧扣教学目标，有层次地围绕教材重点，多样性和拓展性地把握教学中的难点，在练习中发现学生存在的问题，及时查漏补缺，力争做到堂堂清。

（五）环节五：当堂训练，精准检测

针对课堂学习目标，进行当堂训练、巧设练习、扩展思维、应用新知。知识内化应用有一个过程，学生在初步掌握新知后还需要运用多种方法，促进这种数学模型在学生认知结构中的保持，并通过不断运用来加深理解，使新构建知识模型得以巩固。最好的办法就是各种变式训练，让学生在具体的解决问题过程中进一步体会数学应用的过程。教师要通过各种形式的训练促使数学知识在发展中飞跃，让学生得到发展。

<h3 style="text-align:center">《三位数除以一位数的口算》片段（五）</h3>

当堂诊断					
$240÷4$	$300÷5$	$120÷3$	$320÷4$	$560÷8$	$400÷5$
$200÷4$	$160÷8$	$240÷3$	$900÷6$	$300÷6$	$490÷7$
$500÷5$	$420÷7$	$720÷9$	$450÷5$	$630÷7$	$100÷5$

【评析】针对课堂学习目标，进行当堂诊断，通过诊断掌握情况，对计算有困难或算理不清学生，力争堂堂清，确保日日清。

（六）环节六：总结整理，提炼反思

课堂小结是教学中既重要又容易被忽视的环节，它是完成教学任务的最后阶段，对教师而言，它也是对"教"的一种回顾。当我们对学生提问"今天有何收获"时，学生在思考，教师也应当回顾"这堂课我教会了学生什么，我是否完成了教学目标，是否促进了每一位学生的发展"。对学生而言，虽然是简短的几分钟结语，却是对"学"的一种深化过程，它可以帮助学生从总体把握知识、理解知识、运用知识，培养学生善于思考、归纳总结的能力，激发学生乐于学习，积极参与的热情。

"三位数除以一位数的口算"课堂教学片段（六）

师：这节课你对自己或对你们小组有怎样的评价呢？有哪些好或有待改进的地方？

师：同学们，请说说你的收获（根据学生回答，构建思维导图，如图3所示）。

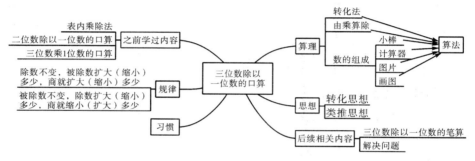

图3　思维导图

【评析】课堂总结是每节课必不可少的环节，回顾学习探究的历程，领悟重要思想和学习方法，巩固课堂教学成果，用思维导图的形式，深化知识网络结构，培养学生能力。通过课前口算、课中探究、课后与家长游戏等形式，学生学习数学的时间、空间和对象都会得到更大的延伸和拓展。

"二六三"立体数学教学模式旨在突出学生自主学习、自主发展为原则，在课堂上体现自主、合作、探究性学习，力争让学习的知识立体化，让学习时间立体化、学习环境立体化，让学生在自主中学习，在自主中发展，从而真正实现核心素养落地。

小学数学"七学一整理"课堂教学模式

莫霞　袁小平

　　自导式学习最大的特点就是由学生自己来管理学习全过程，教师只是起到咨询者和顾问的作用。鉴于此，结合小学数学教学的实际，我们构建了小学数学"七学一整理"课堂教学模式。图 1 是小学数学"七学一整理"课堂教学模式图。

　　"七学一整理"，即激学→自学→展学→议学→导学→讲学→用学→整理。

　　其中，自学、展学、议学、用学和整理这五个环节，重在学生；激学、导学、讲学这三个环节，重在教师。

图1　小学数学"七学一整理"课堂教学模式

　　"七学一整理"课堂教学模式，是一种多向信息流通的结构，既有学生→教师、教师→学生的信息交流与反馈，也有学生与学生的双向信息交流，学生成为课堂教学的主体，教师只起到点拨和引导的作用。其教学过程是由学生提出问题（教师辅导）到学生分析问题（教师点拨）再到学生解决问题（教师与学生共同评价）。

　　"七学一整理"课堂教学模式，是一种学生自己主宰自己学习的模式，自始至终把学习的主动权完全交给学生。教师只提供应援的环境，让每一位学生都愿学、乐学、善学，着重培养其获取与利用知识信息的能力，最终达到学会学习的目的。

　　下面以某版小学数学三年级上册第六单元《年月日》的教学为例，说明小学数学"七学一整理"教学模式的教学环节。

环节一：激学

　　激学，即激发学生的学习兴趣和学习情感，调动学生的学习积极性。

　　数学有时候会显得严肃，尤其是对小学生而言，它常让人觉得枯燥、抽象。因此，我们让情境承担起激发学生学习兴趣的任务，唤起学生的积极情感，这无疑是一种非常有效的途径。教师可以通过讲故事或动画展示的方式来呈现，也可以是直观演示或让学生亲自实践的方式呈现。无论以什么样的形式，整个小学阶段创设情境激学都要突出生动、有趣、形象的特点，同时以学生是否能够从中发现数学问题为评判情境优劣的标准。

《年月日》片段（一）

　　老师出示图片。①1949年10月1日下午3时，毛主席在天安门城楼上激动地宣布：中华人民共和国成立了！②2003年10月15日上午9时，我国第一艘载人宇宙飞船"神舟"五号发射成功了！③2008年8月8日晚上8时北京奥运会开幕，每个中国人脸上都洋溢这快乐和自豪。

　　师：其实在我们的生活中，像这样快乐的、印象深刻的瞬间，还有很多，比如我们现在——2019年5月14日8时30分开始上的这节公开课，相信也会给同学们留下美好的记忆，同学们也可以记录在日记本上。

　　师：无论是重大的历史事件，还是生活中的琐碎小趣事儿，为了能更好地记录下这些事情的发生，我们除了使用之前学过的时间单位时分秒，还可请谁来帮忙呢？（对！年月日）这节课我们就来探索新的时间单位年月日的奥秘。

　　【评析】华罗庚曾说："宇宙之大，粒子之微，火箭之速，化工之巧，地球之变，日用之繁，无处不用数学。"数学和现实生活有着密切的联系。《年月日》的兴趣引入，既有历史长河的宏观视野，又有上课时的切身体验，使学生真切地体会到"年月日"的作用和学习的必要性，从而对"年月日"产生浓厚的兴趣。

环节二：自学

自学，即学生自主学习，探究学习，合作学习。自学包括个人自学和小组自学。

自学是以学生为主体，通过学生独立的分析、探索、实践、质疑、创造等方法来实现学习目标。小学生年龄尚小，在自学环节，教师应逐渐由"扶"到"放"，重点培养学生良好学习行为习惯和对正确学习方法的指导与运用。

《年月日》片段（二）

明确任务，学生自学。

1. 学习指导

师：同学们，你们会看自己手中的年历卡吗？

老师带领学生看年份，醒目的大字表示的是这张年历的年份；看月份，下面的每一小块，表示的是这一年里的每一个月；看每月的天数，每一个月中又记载着这个月的每一天，最后一天是多少号就说明这月共有多少天。

2. 明确学习任务

课前同学们收集了各种不同年份的年历，它们有许多相同与不同之处，现在请你们观察 2019 年的年历、2014 年的年历、另外任意三年的年历，填写统计表 1。

表 1　各年历统计

年份	月份												
	1月天数	2月天数	3月天数	4月天数	5月天数	6月天数	7月天数	8月天数	9月天数	10月天数	11月天数	12月天数	全年天数
2019 年													
2014 年													

【评析】

（1）教师设计自主探究活动，不仅要抛出问题，还要在活动中适时给予学生指导。由于电子产品的普及，日期和时间的呈现都是简化而直观的，很多学生并不会看年历卡，因此教师要善于捕捉学生的生活经验，搭建桥梁，实现与数学经验的对接，为学生自主学习清除障碍。

（2）问题是引导自主探究走向深入的关键。问题过于简单就没有探究的必要，过难就会让学生会无从下手。在探究过程中如果没有必要的引导，学生有时会偏离方向。教师要设计出导学案或自学题单，引领学生步步深入探究"年月日"，同时使不同程度的学生在探究过程中都有所收获。

环节三：展学

展学，即学生个人或小组展示学习的过程（学习活动过程、思考过程）和学习的结果。

展学是对学生学习、思维、实践、推理判断、表达交流等多种能力的综合训练，能为学生终身学习能力的形成奠定良好的基础。

展学包括自我展学、同桌展学、小班展学、全班展学。一般情况下，展学更多指的是小组合作学习（互学）之后小组成员一起上台展示小组内互学达成的共识（收获、疑问）。

展学是课堂教学的重要环节、关键环节、主要过程。一堂精彩的课例往往拥有更精彩的展学。但学生优秀的展学能力并不是与生俱来的，需要教师参与其中，科学指导。那如何培养学生的展学能力呢？"工欲善其事，必先利其器"，要培养学生的展学能力，就必须要先教会学生展学的技巧和方法：①建立学习共同体，注意合理分工，主讲、演示、板书和计分各司其职，角色时常互换，让每一位组员都得到全方位的训练。②模拟展学形式，精选展学内容。展学不仅是将学习共同体的学习结果用简洁、生动的方式呈现出来，更是对重点、难点知识深入学习的纵深推进。展学的形式可分为"口头展示""书面展示""肢体语言表演展示"和"实物模型展示"等，共同体成员之间可根据组员的特长和喜好选择展学形式。同时，展学的内容也应选取学习的重难点及开放性和拓展性较强的题目进行展示，那些一看就懂、有口难辩或收获甚小的内容便不需展学。③展学模式化与个性化应时而异。展学需要规范的模式，这是训练学生展学初始阶段的必须过程，然而随着时间的推移，学生的展学日益成熟，教师就应当把展学的重心从模式化转变为个性化。个性化的展学更能体现课堂生成的真实性，更能激发智慧碰撞的火花，往往能成为学本课堂的点睛之笔。

《年月日》片段（三）

1. 小组展学

学生在独立观察、思考、统计的基础上，在小组内交流各自的统计结果。

你发现了什么？（各月的天数并不完全一样，1个月最多的有31天，最少的有28天，有31天的月份比有30天的月份多等）

2. 全班展学

汇报交流下列问题，教师适时板书：

①1年中有31天的是哪几个月？

②1年中有30天的是哪几个月？

③还有一个月份，既不是31天也不是30天，你们知道是哪个月吗？是多少天？

【评析】在学生展学时，教师追问及时，点拨到位，如哪个月既不是31天又不是30天？为什么二月有的是28天，有的是29天？这有何规律吗？根据展示内容，教师要引导学生对知识进行归纳总结，形成知识结构，拓展学生思维的深度和广度；同时，要有效运用激励手段，为各小组创造均等展示的机会。

环节四：议学

议学，即学生及教师围绕学习过程和结果的展示开展讨论。

展示组展学后，其他组成员可以对其进行补充、提问，在反复的回答中，学生可以更加深入地理解知识，从而达到基本一致的水平。这就是议学。换句话说，小组议学可以使小组内成员的学习水平达到基本一致；而全班议学可以使全班学生的学习水平达到基本一致（或较前者更高）。

议学时，展学组面对建议和意见，也不可盲从，应当先坚持自己的主见，与质疑组形成对抗，最后通过讨论和教师的引导达成共识。这样的课堂，不仅能帮助学生从中收获知识、锻炼技能，更能让学生得到交流、分享、尊重和自信的快乐情感体验。

如何更好地进行议学呢？①选择开放的学习内容。学习内容是开放的，学生因认知方式与思维策略的不同，以及认知水平和学习能力的差异，适合的学习方法也不同，其学习结果也不是唯一的。在教学中教师放手让学生进行议学，有利于培养学生的探索和创新能力。②选择知识的重难点或关键处。学生独立思考思维受阻的阶段，常常是在旧知识的生长点或新旧知识的连接点，也可能是在新学内容的重点和难点之处，教师要组织学生利用已有的知识经验进行议学，帮助学生找到知识间的联系，利用知识的迁移，把握新知识的本质。③选择易混淆的学习内容。对于有些意义相近却不尽相同、互有联系又有所区别的学习内容，学生在学习时最容易混淆，且理解不透彻。教师在教学中可采用对比议学，辨析它们的异同，把本质特征突显出来，帮助学生清晰地理解、牢固地掌握、准确地运用知识。④选择突发的学习问题。当遇到学生意见不统一或教师事先未预设到的突发问题时，教师可安排机动的议学。

《年月日》片段（四）

怎样快速计算全年的总天数？

组1：我们组是先计算7个大月的天数，再计算4个小月的天数，然后再把二月的天数加起来。

（1）$31 \times 7 = 217$（天）；

（2）$30 \times 4 = 120$（天）；

（3）$217 + 120 + 28 = 365$（天）；或 $217 + 120 + 29 = 366$（天）。

组2：我们认为我们组的方法更好，先把12个月都按照30天计算，再加上7个大月少计算的7天，然后减去二月多计算的天数。

（1）$30 \times 12 = 360$（天）；

（2）$360 + 7 - 2 = 365$（天）；或 $360 + 7 - 1 = 366$（天）。

……

【评析】计算全年总天数有许多种方法，哪一种方法才是最快速、最简便的呢？教师以对话、沟通和合作活动为载体，让学生充分讨论，在对话中吸纳他人的正确观点，在倾听中完善自己的观点，在活动中积累经验形成自己的思考，在交流中内化、形成自己的观点，最终实现师生共享、共识、共进。

环节五：导学

导学，即教师在学生讨论及思考出现障碍并不能解决时，进行适时、适当、适度的启发引导。

在议学环节，对于不同的学习结果和不同的见解，经讨论，部分问题得到了解决；但其他问题还是不能得以解决，这时教师就要及时介入，进入导学环节，发挥教师的主导作用，对学生适时、适当、适度的启发引导。

导学，教师要引导在三个点上。①导在教学进程的转折点上。前面学生展示时出现错误，而后面学生不能纠正前面学生的错误时，教学进程就构成了学习的节点，此时的最佳策略就是教师的导，教师通过导来启发学生的思路，疏导转向，帮助学生思路转弯。②导在教学进程的递进点上。学生在自学和展示中获得的信息是零散的、浅显的、片面的，只知道"是什么"，不知道"为什么"。这时，就需要老师适时地进行引导和点拨，把学生的思维从一个层次引向下一个层次，从一个领域引向另一个领域，让学生既知其然，又知其所以然。③导在思维活动的发散点上。如"一题多解""一事多写""一物多用"，教师通过导来促使学生思维视野广阔，思维呈现出多维发散状，为培养创造性思维奠定基础。

《年月日》片段（五）

找平年、闰年的规律。

师：现在同学们都知道平年二月 28 天，闰年二月 29 天，二月的天数是会变化的，那么它的变化有规律吗？

教师带领学生查万年历中 2000—2020 年二月份的天数，填入统计表中按顺序排列好；引导学生将二月份天数是 29 天的年份标记出来，然后再观察。这时，学生就恍然大悟了，每隔三年的 28 天就会出现一年的 29 天。

师：你们说得非常对，每隔三年的 28 天就会出现一年的 29 天，我也可以这样说，每四年就会出现一个 29 天，也就是说每四年会出现一个闰年。

【评析】对于平年闰年的规律，学生受限于认知基础，寻找起来比较困难。这时教师就要搭梯子（查万年历），提供解决问题的工具、方法和思路（填入统计表并标注），设计由浅入深的"问题串"，使学生的思维更加顺畅、连贯、逐渐深入。

环节六：讲学

讲学，即讲授学生不能自学，或通过自学无法学懂的内容。对于学生能学的知识，教师绝不讲。

有的学习内容是课标要求学生必须掌握，但不适合自学，或学生自学困难，或自学议学导学后也无法搞清楚明白的。面对这种情况，教师应当用准确精当的讲述、生动形象的描绘，带领学生深入体会，引导学生咬文嚼字、探幽析微，拓宽学生视野、丰富见识，以此开启学生思路、解除疑难。

讲学并不是否定学生的主体地位。讲学采用的"讲解"，是在师生平等对话、交流、沟通的基础上的讲解，是教师在课堂教学中直接运用语言向学生传授知识，启发思维，表达思想的教学行为。而得时、得当、得法的讲解才能真正帮助学生自主学习和个体发展；也只有通过这样的讲解，学生才能始终保持积极主动的学习状态。

《年月日》片段（六）

师：为什么每四年就会出现一个闰年呢？想知道原因吗？（视频播放数学文化：平年、闰年的来历）

师：观看视频，我们知道了"四年一闰，百年不闰，四百年又闰"的规律。因此，我们可以采用这样一个快速判断闰年的方法：

一般情况下，公历年份是4的倍数的，则是闰年，否则是平年。

当公历年份是整百数时，必须是400的倍数才是闰年，否则是平年。

【评析】快速判断平年闰年的方法是一个规定，没有必要让学生花费时间去探索。教师只需要激发学生的好奇心，然后视频动态演示太空中地球绕着太阳转的画面，一一展示闰年、平年概念的形成过程，充分利用多种手段来加深学生对闰年的理解，最后向学生清晰明了地讲解快速判断闰年的计算方法，让学生能熟练判断即可。当然，这里也可进行情感价值的教育，让学生明白，以前的科学家没有现代化工具，只通过观察、计算就发现了地球绕太阳转一周需要的时间这些规律，从而激发学生热爱科学的热情。

环节七：用学

用学，即学生运用所学的知识、技能、思想、方法、经验来解决问题。

数学知识的掌握、经验的积累、技能的形成，尤其是数学思维的开发、数学思想和方法的渗透，必须通过一定量的练习才能实现。用学这一环节，能够进一步揭示数学知识间的联系和区别、现象和本质，可以让学生经历由特殊到一般、再由一般到特殊的认识事物的一般规律，可以发展学生举一反三的迁移能力，以及分析、综合、抽象、概括、判断、推理等多种能力。

《年月日》片段（七）

1. 猜生日。

小明："我的生日比儿童节早一天。"

小兰："我的生日在元旦节的前一天。"

小亮："我的生日在国庆节的前一天。"

小强："我是平年2月的最后一天出生的。"

2. 好好想一想。

小红：我在外婆家连续住了62天，正好是两个月。你知道我是哪两个月去外婆家的吗？

小丽：我在奶奶家也连续住了两个月，我可能在奶奶家住了多少天呢？

3. 制作月历。

假定今年是2019年。请你在这一年中挑一个你喜欢的月份，参考下面的资料，制作一个月历。

2019年1月1日，星期二；2月1日，星期五；3月1日，星期五；4月1日，星期一；5月1日，星期三；6月1日，星期六；7月1日，星期一；8月1日，星期四；9月1日，星期日；10月1日，星期二；11月1日，星期五；12月1日，星期日。

【评析】吴正宪老师曾说，要给学生"好吃又营养"的数学大餐，练习设计就需要教师付出创造性劳动，要遵循科学性、层次性、针对性、灵活性、多样性等原则。猜生日的题目，既有趣味性，又强化了学生对一些重大节日的记忆，还具有思考性。第2题是从学生的现实生活和童真世界出发，设计符合学生心理特点的练习，加强对各月天数的巩固。制作月历，让学生动手实践，在做中学，在玩中学，并收获到把所学运用于实际的成就感。

环节八：整理

整理，即学生对学习的过程、学习态度和学习的知识、技能、思想方法及经验进行归纳整理或评价。

一节数学课，让学生收获了许多知识，这些知识犹如一颗颗珍珠随处散落，我们得用线把珍珠串起来。教师要有意识地让学生自主回顾和整理知识，使零散的知识在学生的大脑中主动地进行选择、加工，建立知识间的内在联系，将知识连成知识链，构建成知识网，形成脉络清晰的、立体的知识模块。这不仅可以完善学生的认知结构，还可以让学生获得认识事物的普遍方法。

《年月日》片段（八）

师：同学们，通过今天的学习你们有什么收获？（整理知识，构建思维导图）

图 2 为全年日历整理。

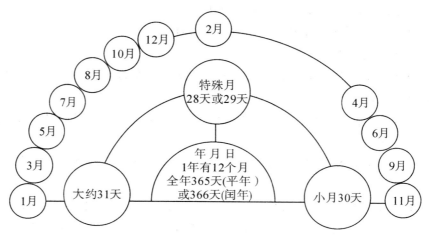

图 2　全年日历整理

【评析】学生自主整理年月日知识，构建自己的思维导图，让思想看得见、摸得着，让思维充分地发散、有效地收敛，更帮助学生从神奇的思维方法中体验掌握知识的技巧和快乐！

小学数学"七学一整理"课堂教学模式，强调学生的主体地位，激发学生的积极性使其主动地学习，加上教师恰到好处地提问引导，不失时机地激发冲突引发辩论，促使学生在思辨中把握数学的真谛，在探索和交流中学会学习。

小学道德与法治"三步六环"活动课堂教学模式

李思泽　　陈敏

　　小学道德与法治课程是一门以儿童生活为基础，以培养儿童良好品德与行为习惯为目标的活动型综合课程。其生活性、活动性、综合性和开放性是本课程的基本特征。因此，引导儿童热爱生活、学会关心、积极探究是课程的核心；珍视儿童的童年的生活、尊重儿童的权利，以儿童的生活为土壤，把教与学植根于儿童的生活是本课程的基本理念。基于此，小学道德与法治课不仅仅局限于课堂，它包含课前、课中和课后三部分。小学道德与法治课堂要与儿童的生活紧密地联系在一起，使课堂教学来源于生活，再回到生活，从而引导和帮助学生达到课标的目的。

　　经过两年的探索与实践，我们提炼出了小学道德与法治"三步六环"活动课堂教学模式。其中，"生活"与"活动"贯穿于教学的全过程。此模式共分三步：第一步，课前学习准备；第二步，课中合作探讨；第三步，课后拓展延伸。这三步又细分为六个环节，即课前准备环节、激趣导入环节、合作探究环节、检测巩固环节、反馈小结环节和拓展延伸环节。

　　现以小学道德与法治三年级下册第一单元第一课《我是独特的》第一课时"三步六环"活动课堂结构的教学环节进行说明。

第一步：课前学习准备

　　第一步包含一个环节，即课前准备环节。

　　课前，教师要根据学习目标，要求学生体验生活，并收集自己熟悉的且有趣的故事、照片、图表、文字资料等内容，从而来探究生活的真实，实现生活与课堂的有效衔接。同时，教师也要做好相关课件、视频等资料，为课堂教学做好充分准备。

案例1：

学生准备："自画像"，阐述自己的特点、习惯、生活学习的规律等。

教师准备：课件、故事、诗歌，以及学生家长的视频和教师对学生的评语等资料。

第二步：课中合作探讨

第二步包含四个环节，即激趣导入、合作探究、检测巩固、反馈小结环节。

1. 课中合作探讨之激趣导入环节

围绕学习目标，结合课题内容，教师要选择适合孩子心理特征和年龄特点的形式导入新课。例如，教师可选择诗歌朗诵、猜谜语、讲故事、课堂剧表演等内容导入，充分激发学生学习的兴趣和求知欲，从而开启快乐的学习旅程。

案例2：

1. 学生观看或倾听《小绿狼的故事》。一边听一边思考：如果你是小绿狼，你会怎么想？怎么做？你会坚持把自己变成一只小灰狼吗？为什么？

2. 学生思考、讨论、汇报展示。

3. 一起来朗诵《我就是我》。

> 我就是我，既不自命不凡，也不唯唯诺诺。
>
> 我羡慕他人所长，那是因为，定有收获。
>
> 但我绝不鄙视自己，因为，我有我的独特。
>
> 我可以为众人添柴，我可以掂量自我。
>
> 但，我的一切努力，均是为了奏响万众一心的凯歌。
>
> ……

2. 课中合作探讨之合作探究环节

活动是道德与法治课的基本特征，符合学生的认知特点。围绕课堂教学目标，教师要循序渐进地组织各种教学活动，如观察、采访、游戏、表演、竞赛等，让学生通过参与活动来充分开展合作和探讨，进一步发现问题、分析问题和解决问题，体会生活的趣味性，探究学习结论并进行汇总展示。

案例3：

活动一：在镜子中、活动中找特点

提问：我们每个人都有自己的特点，每个人都是独特的。那么，怎样才能认识这个独特的"我"呢？我们怎样才能找到自己的特点呢？

回答：我们可以在镜子中、活动中找特点。

思考：请你说一说，在镜子中、活动中，你可以找到自己的哪些特点？

教师展示学生的"自画像"，学生根据描述猜一猜画像的是谁。

活动二：在他人评价中找特点

师：我们生活在一个个小集体中，家庭、学校、班级、社区，都是我们生活的空间。那么在别人的眼里，我们是什么样的呢？首先请欣赏"爸爸和妈妈眼中的你"。

教师播放家长的评价视频——《我家的宝贝》。

师：在老师的心目中，他们的学生又是什么样的呢？

教师播放教师的评价视频或教师评语视频。

师：在同学们的心里，咱们又是什么样子的？

同学汇报——《我心目中的……》。

师：孩子们，我们从不同的角度看同样的事物，结果都会有所不同。因此，我们可以从他人的看法中了解自己，从他人的评价中找到自己的特点。刚才，我们就从父母、老师、同学那里找到自己的特点。但是，当你并不认同某些人对你的看法时，你一般会怎么做呢？我们来分析并研究讨论赵兴的调查结果，并从中找到正确的方法。

教师展示赵兴的调查结果。

（1）赵兴不认同父母的看法，你认为赵兴应该如何与父母沟通呢？

（2）假如你是赵兴，也不认同某些人对你的看法，你会以什么方式与他们沟通呢？

小贴士：如何对待他人评价。

活动三：在自我期望中找到特点

讨论：我们除了从镜子中、活动中、他人评价中能够找到自己的特点以外，还可以从哪些地方找到自己的特点？

神奇的魔法：在生活中，我们常常对自己有特别的期望。假如你有一种神奇的魔法，可以将自己变成你期望的样子，你想变成什么呢？

我的小期望：你是否能从这些自我期望中，找到自己呢？

总结：我所期望的"我"。

活动四：在内心世界中找特点

阅读角：我独特的内心世界。

小分享：你有自己的"故事袋"吗？想一想你的"故事袋"中都装着哪些事情？如果愿意，请将你的"故事袋"与大家分享。

总结：每个人都有丰富的内心世界，在个人独特的内心世界中存放着自己喜爱的事物、美好的经历、特别的感受，以及各种想法和疑问。

思维导图小结：我们拥有着独特的外貌、性格、爱好……我们拥有着独特的他人评价、独特的自我期望、独特的内心世界。所有这些构成了一个独特的我。

3. 课中合作探讨之检测巩固环节

结合课堂教学目标，通过填空、判断、回答问题等方式，检测学生学习效果，统一学生思想认识，使道德与法治课的目标落到实处。

案例4：

判断题（正确的打√，错误的打×，并说明理由）。

1. 我长相普通，成绩平平，反应迟钝，看起来笨笨的，感觉什么都不会做。我很讨厌自己。（　　）

2. 小英喜欢随地吐痰。我本想告诉她，这是一个不良的卫生习惯。但又怕她难堪，以后连朋友都没得做了。所以我想，就保持沉默好了。（　　）

3. 我有一个朋友。当我做了什么坏事时，他老是追着我，要我改正，甚至有时跑去老师那里告状。我真是越来越不喜欢他了。（　　）

4. 星期天在家，我冒冒失失地把家里的花瓶打碎了。虽然被妈妈批评了，但是我想，以后做事，一定要加倍小心，不会再犯这种低级的错误了。（　　）

4. 课中合作探讨之反馈小结环节

师生对本节课的内容进行梳理和提炼，以强化课堂教学的效果，进一步升华学生情感价值观、达到学习知识、优化行为的目标。

案例5：

1. 学生交流并小结本节课的知识内容和情感体验。要求学生以"学了这一课，我明白了（懂得了，体会到）……"的方式进行汇报展示。

2. 教师小结：通过课堂学习，我们明白了，每一个人都是独特的，都有自己的优点和长处，当然，也会有缺点和不足。但是，我们仍然喜欢自己、悦纳自己、相信自己，我们要积极地改正缺点、发扬优点，不断地完善自己、提高自己，让自己变得越来越优秀，越来越完美。老师相信，我们每一个孩子都是这世界上独一无二的花朵，有着属于自己独特的美好和馨香。

第三步：课后拓展延伸

第三步包含一个环节，即拓展延伸环节。

道德与法治课程来源于生活，仍然要回到生活中去。因此，我们要拓展课堂，延伸课堂内容，让学生课后去生活中学习体验，进一步强化道德与法治课程教学的目标。

案例 6：

师：下课后请大家阅读爱迪生或爱因斯坦等名人故事，看看这些别人眼中的"笨人"是如何变成科学巨匠的，并把你喜欢的故事讲给爸爸妈妈或好朋友听。

总之，道德与法治课是一门有思想、有温度、有故事、有趣味、有色彩的课程，教师只要在认真实践好"三步六环"活动课堂教学模式的基础上，不断完善总结，不断改进，真正将德育课程"生活化"与"活动化"，才能真正落实立德树人的根本任务，才能真正让这门课照亮学生的心灵世界，帮助学生成为社会主义的建设者和接班人！

【评析】

第一个环节是导入《我是独特的》的"自画像"，师生进行课前准备活动。学生准备"自画像"，以充分的时间和空间来认识自己的独特个性，为课堂学习做好准备。教师准备的课件、故事、诗歌及家长视频、教师评语等，从各个方面来体现学生的独特个性，丰富了课堂教学内容，整合了课堂资源。

第二个环节是以《小绿狼》的故事导入，推此及彼，让学生认识到自我的独特性。另以朗朗上口的诗歌朗诵，激发学生的独特认知，为后面的教学做好感情铺垫。

第三个环节是活动探究环节，共安排了四个活动。第一个活动让学生通过镜子、活动和"自画像"描述进行自我评价，以了解、剖析自己的外貌、性格、兴趣等特点，产生个性特点的主观认知；第二个活动是通过他人评价的方式了解自己的特点，懂得正确对待他人的评价，能够进行相互间的有效沟通；第三个活动是通过自我期望让学生懂得每个人都有不同的期望和梦想，从而加深自我具有独特性的认识；第四个活动是探讨独特的内心世界，深度认识自己的独特个性。这四个活动从自评到他评，从外貌认识到剖析内心世界，学生可以逐步加深对自己独特的个性、独特的经历、独特的内心世界的认识。

第四个环节设计了4道检测题进行当堂检测，通过判断对错的方式，让学生强化正确认识自己、悦纳自己和喜欢自己的教学目标，以巩固课堂教学内容。

第五个环节进行反馈小结，以画龙点睛的方式，对所学内容进行精确的归纳和概括，从而达成目标的最大化。

第六个环节进行拓展延伸，让学生从生活中来，再回到生活中去，让他们从别人的故事中获得启迪，并进一步梳理认识自己，学会客观地剖析自己，为下一节课做好充分准备。

通过两年来的实践研究，我们发现，小学道德与法治"三步六环"活动课堂教学模式，有效地整合了课前、课中和课后的体验感受和社会资源，体现了道德与法治课程的生活性、活动型、综合性和开放性的基本特征，尊重儿童生活，实现了课堂教学目标的最大化。学生一改过去不喜欢上枯燥说理的品德课的习惯，转而爱上了生动的道德与法治课，使得课堂教学在情感态度价值观、行为习惯、知识能力、过程与方法等方面都得到了有效的落实。

以语言思维训练为中心的小学英语常规课教学模式

赖显南　刘丹

语言思维是人的语言表达能力与综合思维能力的体现，是形象与联想结合的模式，并伴有语感的形式，也是用语言承载和表现思维的过程。语言与思维是相辅相成的，人的思维越深刻，其语言表达越清晰。小学英语教学既要有外在的交际性语言活动，又要有内在的思维性语言活动。两者融合统一，才能优化小学英语教学，从而提高英语教学的质量。结合江阳区小学英语学科切合模块新授课的教学实际需要，我们以学生主体为出发点，以学生语言思维训练为中心，建构起小学英语的教学模式——英语教学"五步法"，即 greetings（打招呼），warming-up（热身活动），presentation（新知呈现），practice（练习提高），expansion（拓展提升）。

现以新标准英语四年级下册第二模块第二单元 It's very old. 为例。

一、greetings（问候语）

问候是西方国家的人们见面的一种礼仪。教师在课堂上与学生互致问候，能够增进师生情感，把学生带入英语语境，同时也能了解学生的语言学习状态。互致问候的语句很多，教师可采用不同的语句和学生交流。例如："Hi，boys and girls.""How are you?" 等等，学生则会根据老师的问句采用相应的问候，如"Hi，Miss...""I'm fine，thank you. And you?" 等。

T：Class begins. I'm Jessica. Good morning, boys and girls.

Ss：Good morning.

T：How are you?

Some of students may be say：I'm fine. Some of students maybe say：So so. Individual students may be say：I'm bad.

教师通过问候来了解学生的身体状态和学习热情，在后续教学中对回答"So so."的学生以激励为主，帮助其尽快进入学习状态；而对回答"I'm bad"的学生，要随时关注的他（她）的身体或学习情况，了解学生的状态是否有转变，如若没有，则要在课后进一步弄清状况。

二、warming up（热身活动）

热身活动是一堂课的序幕，此环节有助于将学生的注意力吸引到课堂上来，营造一种学习氛围。热身环节的目的有两个，一是让学生的注意力转移到英语教学活动；二是通过热身活动，学生可以自然而然地过渡到新课文内容中。热身活动的方式有很多种，如唱歌热身、TPR 热身、Free talk 热身、游戏热身、头脑风暴等。

T：Nice to meet you. I want to be your good friend.

Here are some presents for you.

教师展示自制书签，配上英文解释（PPT+书签）。

①This is Zhangba Park. It's very beautiful.

②This is White Tower. It's very tall and old.

③This is Mountain Fang. It's very famous.

Do you like it? 教师告诉学生，如果学生表现优异，教师则会赠送其泸州名片小书签。

五年级的学生有一定的英语语言基础，教师呈现学生熟悉和感兴趣的美景照片，如张坝桂圆林、白塔、方山，让学生感知用英语对景物的准确描述，对新词"famous，beautiful"有第一感知，对旧的形容词"tall，old"等进行了复习巩固。此热身环节中，学生能够更快融入英语学习的氛围，也为新授知识做好教学铺垫。

三、presentation（新知呈现）

本环节在整个教学环节中占据着举足轻重的作用。

（一）情景引入

这是传授新课的序幕，它为培养学生兴趣，抓住学生心弦，优化学生心境及激发学生对新知识的探求和运用热情做了准备。成功且智慧的情景导入往往能唤起学生的求知欲望，激发他们积极参与语言交流的热情，并实现向新内容的自然过渡，减少学生对新知识的陌生感，快速引导学生进行快乐、美妙的英语学习，这是一节课成功的关键。教师应巧妙自然地创设情景、引入新知，尽量创设真实生活化的情景。如在进行服装种类的教学时，可设计一个购物的情景；在进行动物对话的教学时，可设计一个游览动物园的情景；在进行食物对话的教学时，可设计一个饭店就餐的情景。

（二）指导自学

指导学生自学，或检查布置的自学作业效果，教师可安排学生独立自学、分组自学，进行分组检查、分组展示。这一步骤应遵循循序渐进的原则，逐步指导学生自学，培养学生自学能力。

（三）检查自学效果

这一步骤主要是指教师应根据学生的自学情况，进行检查、更正，以帮助学生能真正掌握自学技能，培养自学能力。

（四）新课感知练习

在自学效果反馈的基础上，教师采用实物、图片、简笔画、肢体动作等直观教学手段组织教学，使语言教学直观化、生动化、趣味化，让学生爱学、乐学、善学。在讲解新知识时，教师要注意以下几点：

1. 突出目标，组织教学

教师在设计时要考虑目标、服务目标，力求在有限的时间内实现目标。对于学生已经学会的知识点，教师可以不教；对于学生不会的知识点，教师要重点教。

2. 利用实物，充实教学

教师在教学活动中要尽可能地体现直观性教学原则，尽可能多地利用实物进行教学。当教到 My Family 时，教师和学生都拿出自己的家庭照片当作教具，教师可以特意把自家的全家福放大贴到黑板上进行教学，这就很真实、很生活化。

3. 运用简笔画，美化教学

简笔画的特征是简单、快捷，以最低的教学成本取得较好的教学效果。运用图片固然好，但费时费力，而运用简笔画既能表现得生动、直观，又能很好地吸引学生，因此在教学中这种方法应得到大力提倡。比如说在教学potato、tomato、cabbage 这几个单词的时候，教师可以采用画简笔画的方法，一边与学生谈话 What would you like for lunch? 一边自然地画出所学的单词，然后进行新单词的教学。

4. 肢体语言，优化教学

在词汇、会话或字母教学中都可运用肢体语言，教师和学生同做，手动、口念、脑想，真正达到口、手、脑并用，调动各种感官，使学生能轻松、愉快地学习。

（1）新知导入，欣赏伦敦宣传片。

T：Good job！Look. Amy and Lingling are coming.

Here is a video. It's about London，Amy's home.

播放伦敦宣传片。

（2）新知学习，课文视频辅助教与学。

①T：London is a big city. We can see lots of interesting places. Do you like it?

Ss：Yes.

T：Let's go on.

播放课文视频两遍。

②跟随 PPT 先勾画知识点，再逐一突破词、句难点。完成三幅图片教学，对于学习认真的学生，教师现场赠送其英国小书签。

问答建议：

T：Where is it?

S：This is Big Ben.

T：What does it like?

Ss：It's very old.

③跟随 PPT 复述图片，鼓励大胆创新。

我们在上一环节已经感知了评价美景的方式。此环节就是掌握评价方式，即本节课的教学重点句型：This is … It's … 教师从介绍泸州美景到展示伦敦的美景，符合学生的思维方式和认知顺序，从课外拓展到课文学习，学生更容易接受这样的思维方式。

四、practice（练习提高）

英语谚语：practice makes perfect，即熟能生巧。学生通过新项目呈现阶段的学习，已基本知道本堂课的主要学习内容。在此基础上，学生学习的重点是要进行大量的语言操练，以真正达到语言的输入，并且为语言的输出奠定坚实的基础。高效的语言操练应做到以下四点：

（一）语言目标要明确

首先确定要重点操练什么语言，以及哪些词汇、句型、交际功能和结构语法项目等知识。

（二）操练方法要多样有效

操练的方法有多种，其中包括：替换练习、问答交流、游戏、歌谣、歌曲、表演、对话角色扮演、故事表演、短剧表演、绘画与交流、制作与交流等等。操练方法的选择会直接影响操练效果，教师要根据不同学段的学生实际情况和教学内容来选择最适合的语言操练方法。

（三）操练的形式要多样

操练形式有很多，如在师生之间、同桌之间、男女生之间、前后排同学之间、左右排同学之间操练的各种形式交互使用；游戏操练形式也可异彩纷呈。教师在选择活动形式时一定要注意多样性与实效性相结合。

（四）操练时间要合理有效

语言操练阶段是学生学习和掌握语言的关键阶段，它起着承上启下的重要作用。操练时间至少需要 10～15 分钟。教师也可以根据自己的教学实际灵活安排时间，还可以将新项目呈现和语言操练这两个部分有机结合在一起进行教学，并整体规划时间。

（五）操练的范围要广

为激励全班学生参与，教师可将头饰或名片卡贴在黑板上，让学生集体表演；如操练只有两个人物，可采取全班对半或男女生集体表演的形式；三个以上角色的操练，可以师生共同参与。

（六）操练中的课堂评价要跟上

评价贯穿于一节课的始终，尤其在这个环节体现得更为充分。一个善意的微笑、友好的点头、骄傲地竖起大拇指的手势、一句简短的话语都会使学生体验成功的愉悦。

注：①本环节可在听、说、读的基础上加入写的训练；②根据教学内容的数量，第三步和第四步可交替反复进行，边呈现边操练。

T：Let's talk about some beautiful places.

展示美景照片，让学生说一说。

This is... It's...

学生掌握了评价美景的方法后就需要运用此评价方法，因此设计了说和听的练习。组织学生先在小组内说一说，然后再在全班进行展示交流，教师根据情况进行引导、点拨或纠正，以达到说的目的。听的任务主要是选取个别学生进行交流展示，也让有的学生能够跳起来摘果子。

五、expansion（拓展提升）

拓展提升实质是教师利用现有英语教材，从学生实际出发，从语言技能、文化背景、跨文化交流等方面深挖、整合和拓展延伸，通过更多途径对学生进行语言输入的一种教学方法。语言操练阶段已为语言输出奠定了坚实的基础。这是把知识转化为能力的环节，是训练学生运用英语进行交流的时机，学生在这个环节可以尽情地展示自己的交际能力。本环节的教学应关注以下内容：

（一）倡导任务型教学思想，培养能力

根据所学知识创设恰当的情景或布置相应的任务，让学生在真实情景中或具体的任务活动中运用语言、掌握语言，达到学以致用的目的。（在本环节中教师应更多地去引导学生创造性的拓展语言，即根据情景的需要充分利用所学语言，包括过去所学的知识以及新学的知识，进行大量的交际运用，开发学生的思维，培养学生的创新与综合运用语言的能力）任务型教学的主要形式有：表演课文、更换人物自编对话表演、调查采访、情境表演、话题讨论等。

（二）学科融合，体验交流

提倡教师融合学科内容，培养学生的综合能力。如在学习完"家庭"之后，动手画画家人，并作介绍；学完了"家居"后，也可设计自己未来的家，培养学生的动手能力。这种英语课与手工制作课、美术等课的融合，体现了学生在活动中学、在玩中学、在做中学的理念（该观点适用于低年级教学）。

（三）合作交流，汇报表演

在英语教学中教师要培养学生合作竞争的学习意识，让学生在与他人合作表演的过程中进行语言操练，发扬团队精神，也培养学生的合作意识和合作能力，激发学生学习英语的热情，提高学生学习英语的乐趣与效率。

本节课教师用赠送书签作为评价奖励，激发学生制作书签的兴趣。在拓展提升环节，教师让学生们制作书签并赠送书签，升华了本节课的课堂内容，学生也感受了英语学习的魅力。

1. 自制书签

T：Good job. Look. Here are some bookmarks.

Let's make them beautifully.

2. 上台展示，并赠送书签。

T：Well done! You can give the bookmarks to your friends now. 要求学生使用重点句型 This is... It's... 并大胆创新。

这种开放式的拓展教学有利于让学生进行大胆创新。学生可以在制作中根据自己的思维方式去画和写，能够完整地表达出自己的设计理念和想法，更有利于训练语言思维。

英语五步教学法模式旨在突出学生自主、合作、探究的基础上，注重学生能力的培养，特别是语言思维的培养。本模式在教学中既给了学生自主学习的机会，也提高了学生英语学习的能力。

以上是以语言思维为中心的小学英语教学模式的基本操作步骤。

在教学设计过程中，不论采用什么样的教学方法或模式，都不能机械地、按部就班地套用模式，应该结合课堂教学实际，根据学生实际进行"变式"处理。只有"变"才会显示出灵活性，只有"变"才会有效发展学生的个性，只有"变"才会充分展示教师个性化的教学艺术风格，如此，教师的"教"，学生的"学"才会更具有创造的活力。正如魏书生所说："探索课堂教学方法，确立课堂教学类型，目的是提高课堂教学效率。教师不应该非把自己框定在某一种模式里不可，可根据自己与学生的实际确立一种基本模式。基本情况如此，情况有变则变。如果自己的眼界比去年开阔了，学生基础比去年坚实了，学习积极性比去年高了，那么课堂教学方法、教学步骤必须随之改变。"这应该是我们面对任何一种教学方法，面对任何一种教学模式所持的科学态度。

总之，小学英语课堂应遵循活动性、趣味性、交际性、渐进性等原则，充分体现教师的主导地位和学生的主体地位，使小学英语课堂成为快乐的课堂、实践的课堂、高效的课堂。

【评析】小学英语课堂，其活动要体现趣味性和交际性，更重要的是在活动交际过程中，教师要对学生进行语言思维逻辑的训练。在语言思维的训练过程中，教师应该循序渐进地引导学生。上文中的热身活动，老师的旨意是把学生的思维先集中起来，让学生做好学习准备；第二个环节新知呈现是让学生感受英语表达的思维方式；第三个环节 新课感知练习是练习语言以及思维表达能力，这个环节非常重要，既要练习语言思维的细节，同时又要注重语言思维的整体性，需要教师示范、引导、纠错，学生模仿、观察、总结和应用；第四个环节拓展提升是语言综合表达，这个环节必不可少，它体现了语言思维的整体性，也是我们对学生进行语言训练的最终目标之一。

小学科学"六环五步"探究式课堂教学模式

武艳霞　　陈云蓉

小学科学"六环五步"探究式课堂教学模式中的"六环"指的是探究课程的六个环节，即"趣味导入，聚焦问题；实验探究，获取新知；拓展延伸，加深理解；联系生活，巩固应用；回到引入，解疑释惑；总结归纳，留下悬念"；"五步"指的是"实验探究，获取新知"环节的五个步骤，即"猜想假设、制定计划、进行实验、得出结论和表达交流"，现以教科版五年级下册第二单元第三课《液体的热胀冷缩》一课的教学为例，对小学科学"六环五步"探究式课堂教学模式进行说明。

一、趣味导入，聚焦问题

德国一位学者曾说："将 15 克盐放在你面前无论如何你都难以下咽，但把这 15 克盐放入一碗美味可口的汤中，你就会在享用佳肴的同时将 15 克盐全部吸收，情景之于知识，就如汤之于盐。"科学知识融入真实、具体的情境之中才能显示出活力和美感，好的教学情境可以起到激发疑问、留下悬念的作用，有利于促进学生的发展。

"好的开始是成功的一半"，小学科学课堂教学从学生的认知特点和生活经验出发，让他们在熟悉的生活情景中建构知识。在教学中导入环节如果设计得巧妙精当，就能在顷刻之间激发学生的兴趣，使学生迅速步入精神兴奋状态，并在好奇心的驱使下产生强烈的探究欲望，从而为新的教学活动做好心理准备。导入环节通常选择学生熟悉、感兴趣的图片、视频、故事、小游戏等多种形式导入新课，为后续的探究奠定基础。

教学片段一：

师：（出示超市饮料区的图片）上课之前，老师这里有几幅图片要给大家看一下，这些都是没有打开过包装的饮料，大家仔细观察一下，它们都有哪些共同点呢？

生：瓶子里装的都是液体，而且都没有装满！

师：仔细观察一下它们是不是都没有装满呀？那么为什么这些瓶子没有装满液体呢？

生：商家偷工减料。

师：真的是这样吗？你们想不想知道到底是什么原因呢？

二、实验探究，获取新知

本环节是探究式课堂教学的重难点。为了突出教学重点，突破教学难点，本板块分为六个步骤。

1. 第一步：猜想假设

猜想假设是科学探究中的重要组成部分，是培养学生科学素养的关键步骤。在完成环节一的基础上，将教学活动聚焦到本节课的探究问题，学生在已有知识和生活经验的基础上，针对探究的问题进行有理有据的预测并说明原因。

教学片段二：

师：同学们，水是液体吗？请分别探究水在受热后和受冷后的体积变化。大家先预测一下，水在受热后体积会发生怎样的变化？水受冷后，其体积又会发生怎样的变化？

学生思考问题。

师：大家都有自己的想法，那这些想法是否正确呢？应如何验证这些猜想呢？

生：做实验。

师：对，接下来我们就通过做实验来验证我们的猜想吧！

2. 第二步：制定计划

小学生由于年龄较小，知识、技能等储备量有限，所以自主设计实验方案对于他们来说还比较困难，需要在教师的引导下才能完成。因此，教师首先展示实验器材，学生根据教师展示的器材初步设计实验步骤，交流后，由师生一起完善实验步骤。

教学片段三：

师：（出示图片）我为大家准备了小药瓶、塑料吸管、水槽、热水、冷水、红墨水，还有记号笔。请同学们开动脑筋，设计一个实验方案吧！同桌可以相互讨论。

师：好，我看大家都讨论得差不多了。请大家来说一说你们组的方案。

学生逐一阐述方案设计。

师：还有其他同学要补充吗？好，这位同学设计得相对较完整，表达很清晰，但还有一点不足，让我们一起来完善实验方案吧！

师：首先我们在水中滴 3~4 滴墨水，接着将有颜色的水注满小瓶子，然后在小瓶子上面插上吸管，最后将小瓶子依次放入热水和冷水中，观察吸管中液柱的变化，用笔标记液面的位置。

3. 第三步：进行实验

布鲁纳的发现学习理论指出，教师不应直接把知识呈现在学生面前，而应让学生自己通过一系列的发现行为去发现并获得所需掌握的学习内容。根据设计的实验方案进行实验，这是科学探究的关键环节。学生在亲身经历实验探究的过程中体验科学学习的乐趣，这也体现了"做中学"和"学中思"的理念。

教学片段四：

师：实验之前呢，我有一个温馨提示，我们用的热水比较烫，在实验时，小朋友们一定不要将手伸入热水中，实验中我们用到了玻璃仪器，小朋友们要小心一点，避免打碎玻璃仪器。小组成员要相互合作，认真做好实验记录！

师：好！现在有请小组派代表上来领取实验器材！开始实验。

4. 第四步：得出结论

学生分析观察到的实验现象，发现并得出初步的科学探究结论，并判断结论与之前的猜想假设是否一致。

教学片段五：

师：通过刚才的实验，同学们观察到了什么现象呢？这个现象说明了什么问题呢？

5. 第五步：表达交流

营造民主、宽松、活跃的氛围，学生可以大胆地表达自己的探究发现，在基于证据的基础上充分发表自己的观点，并回应质疑和接纳不同的意见，在交流和倾听中培养科学素养。

教学片段六：

师：现在请小组派代表来汇报实验发现。

生：水受热，液面上升，说明体积膨胀；水受冷，液面下降，说明体积缩小。

师：好，请坐下，其他同学还有要补充的吗？

学生逐一阐述自己的实验发现。

师：同学们非常棒，都发现了同样的问题：水受热时体积膨胀，受冷时体积缩小，我们把这种水的体积变化称为热胀冷缩。

三、拓展延伸，加深理解

教师可采用动画、视频、实验等形式对所学内容的重难点进行拓展深化，并补充和本节课紧密联系的内容，强化学生对本课内容的理解，帮助学生形成正确、全面的认识。

教学片段七：

师：对于水的热胀冷缩，我这里有一个模拟动画，请看大屏幕。

师：其他液体也像水一样有热胀冷缩的性质吗？

生：有！

师：我们用研究水的热胀冷缩的装置来研究一下其他液体吧！（教师演示牛奶、醋、果汁受热和受冷后的体积变化），大家观察到什么实验现象呢？

生：牛奶、醋、果汁和水一样，受热时体积膨胀，受冷时体积缩小。

师：同学们观察得真仔细。其他液体也像水一样有热胀冷缩的性质吗？

生：有！

师：其实所有液体都和水一样，受热时体积膨胀，受冷时体积缩小。也就是说，液体都具有热胀冷缩的性质。

四、联系生活，巩固应用

学科学、爱科学、用科学，科学来源于生活，也服务于生活。因此，我们必须将学生学的知识与生活实际相联系，把学到的知识应用于生活实际，让学生感受到科学与日常生活的密切联系，逐步学会分析和解决与科学有关的实际问题，达到学以致用的目的，激发学生持续学习科学知识的兴趣，保持他们的好奇心，发展其学习科学的潜力，为他们成为具有创新精神和实践能力的新一代打下良好的基础。

教学片段八：

师：其实呀，热胀冷缩的原理在生活中的应用也是比较广泛的。

（1）把灌满水的茶壶放在火炉上烧会发生什么现象呢？那我们应该怎样应对这种现象呢？

（2）我们平时用的温度计也利用了热胀冷缩的原理。

五、回到引入，解疑释惑

再次回到引入中提出的疑问，学生要根据本节课所学知识解释疑惑，呼应导入。利用心理学的系列位置效应，强化学生对本课学习内容的理解，同时让学生体验成功的喜悦。

教学片段九：

师：学到这里，相信同学们已经能解释老师课前提出的疑问了吧！为什么这些瓶子里的液体没有装满呢？

生：液体装得太满的瓶子在受热后会被挤破。

师：说得非常好，如果水瓶被装得太满，当温度上升，液体膨胀，瓶子就有可能会被挤破，其他同学们明白了吗？

生：明白了。

六、总结归纳，留下悬念

教师对本节课的内容进行回顾梳理、总结归纳，并留下问题，为后面的学习做好铺垫。

教学片段十：

师：通过今天的学习，大家都学到了什么呢？

学生逐一回答自己的收获。

师：同学们都收获了很多，在生活中看似平常的小事，只要我们细细观察，说不定就会发现其中的科学道理。希望同学们努力地学科学、用科学，用心感受生活中的科学奥秘。

师：我们今天学习了液体的热胀冷缩知识，请大家思考，空气是否也有热胀冷缩的性质呢？我们下节课再一起探究吧！

　　小学科学"六环五步"探究式课堂教学模式强调以学生为中心，创设"生活化"情境，贯穿STS（科学、技术、社会）教育理念，学生在教师的引导下自主设计实验方案，在探究中自主建构，充分体现教师主导、学生主体的教学理念。该教学模式让学生感知身边无处不在的科学谜团，在主动解决谜团的过程中培养学生分析、解决问题的能力和创新能力。

小学体育"三三四"自导式
常规练习课堂教学模式

车福庆　任小燕　邓玉梅　周鹏　黄旭

　　江阳区小学体育学科组全体教师按照新课标的要求，通过"国培送教下乡"的实践探索，切合体育课堂教学需要，以学生为主导，建构"三三四"自导式常规练习课堂教学模式。

　　第一个"三"即"三环"，是指在体育课堂教学的三个环节：导入环节、教学环节、课后总结环节。具体教学实践为：第一环节在课前——游戏精准导入学习，师生一起明确本课完成的任务；第二环节在课中——精准互动学习过程，教师精准示范、指导，学生精准探究动作要领、分解动作过程；第三环节在课后——精准总结课堂，形成拓展练习任务。

　　第二个"三"即"教学三步骤"，是指体育课堂教学在师生活动中的三个步骤：模仿、练习—改进、提高。具体教学实践为：第一步为模仿——教师正确示范，学生认真模仿动作；第二步为练习—改进，即明确目标，通过各种方式练习改进；第三步为提高——自主学习+合作探究+师生总结交流分享。

　　"四"即"四学"，是指体育教学在练习过程发展上的四个要求：学通、学会、学熟、学活。具体教学实践为：一学为"学通"，能正确理解学习方式、感知动作要领等；二学为"学会"，能理解各个动作要领之间的衔接，能有效体会连贯性动作，能正确做出所学动作；三学为"学熟"，能正确使用动作，从动作要领中提升自己运动能力；四学为"学活"，能从熟练的动作中举一反三，找出更适合自己的运动方式，继续提升动作能力。

　　图1为小学体育课堂教学"三三四"自导式常规练习课堂教学模式。

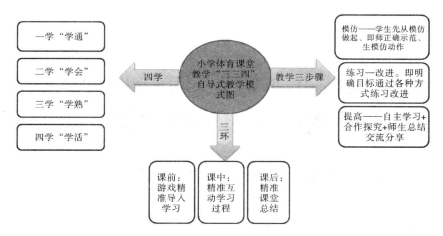

图1　小学体育课堂教学"三三四"自导式常规练习课堂教学模式

【建模课例】

"三三四"自导式常规练习课堂教学模式

——以小学水平三《耐久跑》教学为例

一、课堂教学"三环"

"三三四"自导式之第一个"三"，即三环：导入环节、教学环节、课后总结环节。

（一）课前——游戏精准导入学习

师生一起明确本课完成的任务。

（1）反应训练，听指令。

以教师为圆心围成一圈进行慢跑，跑步时集中注意力听清老师的口令做出相应的动作，如"金鸡独立""反向跑""报数成团"等口令动作。

设计意图：通过游戏的方式开启体育课教学，让学生有愉悦的体验。

（2）团体拓展，热身准备。

圆形队列，伸出右手，学生在老师的带领下相互击掌跑，后返回原位，如此反复若干次。后师生带领专项热身活动。

设计意图：利用拓展训练，师生共同参与，增强师生情感交流，同时培养学生的团队意识和集体荣誉感。

（二）课中——精准互动学习过程

教师精准示范、指导，学生精准探究动作要领、分解动作过程。

（1）学生自我体会导入。

师：班上跑得最快的男女生分别是谁？让他们进行100米冲刺跑。然后教师问学生是否轻松？如果进行1000米比赛，同学们还能这么跑吗？请同学们讨论并给出意见。然后教师导入本课教学内容《耐久跑》。

设计意图：通过学生自我体会、叙述感受，引出长距离长时间奔跑的要求，让学生自主理解耐久跑的不同之处。

（2）教师示范讲解教学。

学生在教师的带领下进行耐久跑动作技术的学习。跑：两臂自然屈肘前后摆动，脚步轻松，步频、步幅适中。呼吸：呼吸自然协调，保持规律（三步一吸三步一呼），鼻吸嘴吐。跑的辅助练习：原地高抬腿、原地后踢腿。呼吸辅助练习：原地摆臂练习配合呼吸节奏。

设计意图：五年级学生很少接触耐久跑，所以老师的"教"在这里尤为重要。老师带领学生初步了解动作要领，让学生接受并且系统学习。

（3）长征路上。

情景模拟，导入长征故事，让学生进行耐久跑动作技术要领初次尝试，在老师的带领下，让学生成4列纵队进行跑步，途中体会耐久跑的要点，慢慢体会，老师在侧面跟随并提醒学生注意呼吸方法、把握好节奏。

设计意图：长征故事可以解决耐久跑的枯燥问题，让学生在音乐中有节奏地呼吸与跑步。

（4）定向跑游戏。

老师划分场地进行定向跑。规则：在规则区域内标注1~10个点，卡上写好10个点的顺序，如1、3、5、7等，每组学生按任务卡顺序完成定向跑，用时最少的小组获胜。

设计意图：通过游戏比赛，学生能够认真对待耐久跑，利用渴望获胜的心理去使用耐久跑动作技术，从而达成教学效果。

（三）课后——精准总结课堂

拉伸放松，教师根据各队在比赛中的表现进行评价，找出问题及需要改进的地方；让学生自主评价，谈谈感受，在亲身体会定向跑游戏后，学生要明白如何用最短的时间完成长距离奔跑。

二、课堂教学"三步骤"

"三三四"自导式之第二个"三",即教学三步骤。

1. 第一步:模仿,即教师正确示范,学生认真模仿动作

(1)教师示范:上半身保持适当前倾,动作协调、自然,前摆积极、后蹬有力,摆臂自然,上下肢、蹬与摆协调配合。

(2)学生认真听讲并模仿学习。

2. 第二步:练习—改进,即明确目标,通过各种练习改进

(1)教师组织学生原地摆臂练习。用击掌节奏的速度来带动学生的摆臂节奏。

(2)教师组织学生呼吸练习(三步一吸用鼻子和三步一呼用半张着的嘴)。

3. 第三步:提高,即自主学习+合作探究+师生交流分享

(1)第1、3、5小组用正确的摆臂姿势以及耐久跑的呼吸节奏进行800米定向跑。

(2)第2、4、6小组按照自己的方式进行800米定向跑。

(3)讨论哪一小组同学跑得更轻松些。引导学生从心脏感受、气喘情况的方面来对比讨论。

学生交流得出结论:耐久跑中摆臂与呼吸节奏非常重要。

(4)学生慢跑800米。

三、课堂教学"四学"

"三三四"自导式之"四",即四学:"学通""学会""学熟"和"学活"。

"四学"的学习掌握程度,要根据每个体育项目的特点,以及学生的实际情况,将一个教学内容分成相应的几个课时。

(1)第一学为"学通",能正确理解学习方法、感知动作要领。

(2)第二学为"学会",能理解各个动作要领之间的衔接、能有效体会连贯性动作、能正确做出所学动作。

耐久跑第1~2课时的教学技能目标:通过教学,学生可以基本掌握耐久跑的技术动作及呼吸节奏。

(3)第三学为"学熟",能正确使用动作,从动作要领中提升自己的运动能力。

(4)第四学为"学活",能从熟练的动作中举一反三,找出更适合自己的运动方式、继续提升运动能力。

耐久跑第 3~4 课时的教学技能目标:通过教学,80%的学生都可以掌握耐久跑的技术动作及呼吸节奏;学生能调节在耐久跑中极点时的运动状态。

【评析】小学体育"三三四"自导式常规练习课堂教学模式旨在突出学生的自主性、合作性和探究性练习,同时强化教师精准示范、明确目标。本教学模式在体育课堂教学实践中遵循了练习教学的规律,简明了练习教学的程序,既明确了教师精准动作要领的讲解,又给予了学生自主探究动作要领的空间。

小学音乐"二四五"互助自导式课堂教学模式

张雪峰　　王玲

　　江阳区小学音乐学科组全体教师按照新课标的要求，通过"国培送教下乡"的实践探索，切合教学需要，着力发展学生核心素养，以教师为主导、学生为主体，为提高学生的艺术发展水平，建构起音乐"二四五"互助自导式教学模式。

一、"二四五"互助自导式课堂教学模式的特点

　　小学音乐"二四五"互助自导式课堂教学模式，呈现出以教师为主导、学生为主体的学生自主学习的教学模式，关注学生学习的三个维度，充分利用学生的课余时间，形成自主的学习环境，激发学生学习兴趣，让音乐课堂的学习变得主动。

　　"二"即"二个自主"：学生的自主课前学习和学生的自主收集相关音乐资料。

　　"四"即"四个互助"：一是师生互助学习；二是师生互助解决；三是师生互助释疑；四是师生互助提高。

　　"五"即"五个环节"：欣赏课课堂结构的五个环节。

　　构建音乐欣赏课互助自导式课堂教学模式基本框架结构，如图1所示。

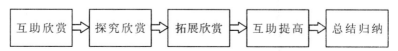

图1　音乐欣赏课互助自导式课堂教学模式基本框架结构

二、"二四五"互助自导式课堂教学模式的欣赏课课型环节介绍

1. 互助欣赏

（1）教师在课前根据教学内容，让学生搜集本课相关音乐资料内容。

（2）教师播放导学内容，学生自主互助欣赏学习新知识，并交流心得。

（3）教师导入部分。

2. 探究欣赏

（1）师生交流自主欣赏情况。简单的知识点先由学生讲给教师听；较难理解的知识点，由教师给学生讲解；暂时存在困难的知识点，学生自主讨论解决或待到全班交流时解决。

（2）学生提出疑惑问题，教师就重点知识进行讲解，归纳总结重点难点。（也可由教师提出疑惑问题）

（3）教师教授课程重点环节。

3. 拓展欣赏

（1）教师根据本节课学习内容来拓展书本内容，开拓学生欣赏眼界。

（2）师生互相释疑，教师进行巡视点拨。

4. 互助提高

（1）教师出示技能训练内容，由学生自主互助完成。

（2）全班交流体验。

5. 总结归纳

（1）师生共同总结本节课的收获，并进行全班交流。

（2）教师引导学生归纳知识要点，强调本节课的重难点，评价师生表现。

三、"二四五"互助自导式课堂教学模式结构图——欣赏课

图 2 为教学模式结构。

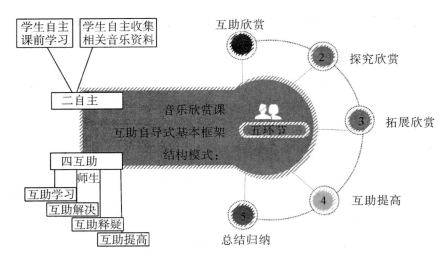

图2 教学模式结构

【建模课例】

江阳区音乐学科互助自导式课时教学设计

（欣赏课模板）

备课时间：2019.4   主备人：卢燕   指导教师：王玲   第1课时

课题	《森林狂想曲》	课型	欣赏课
使用教材	《森林猜想曲》人民音乐出版社（四年级，下册）	具体内容：这是四年级音乐欣赏课，音乐充满了灵气，亲切动人，让人仿佛呼吸到了最清新的空气。音乐中模仿鸟的叫声充满童趣，这是人与自然和谐相处的生动写照	
教学对象	小学四年级	课时	1课时
教学目标	1. 知识与技能：发散学生的思维，感受、想象音乐的美好意境 2. 过程与方法：能根据自己的想象用乐器或肢体动作创造性的表现音乐 3. 情感态度与价值观：体验和同伴合作表演、游戏的快乐		
教学重点	能根据自己的想象用乐器或肢体动作创造性地表现音乐		
教学难点	发散学生的思维，感受、想象音乐的美好意境		

教材分析	这堂四年级音乐欣赏课的音乐充满了灵气，亲切动人，让人仿佛呼吸到了最清新的空气。音乐中模仿鸟的叫声充满童趣，这是人与自然和谐相处的生动写照
学情分析	四年级的学生，他们从身心方面都在快速成长，对各种知识和新鲜事物都很感兴趣，喜欢模仿、探索创造性的活动
教学方法	练习法、讨论法、体验法、听唱法
教具准备	昆虫和动物图卡、森林画面、图谱、空白卡片
教学内容提示	1. 感受乐曲中ＡＢＣ三个音乐主题的变化。 2. 听辨各段主题曲调的出现顺序，提高音乐记忆能力。 3. 听辨每段旋律的主奏乐器，区别三种乐器的音色和演奏方法，启发学生想象各自代表的音乐形象

教学过程

教学环节	教师活动	学生活动	设计意图及时间
一、互助导学	1. 感受音乐 今天我要和你们一起来分享一首我觉得非常好听的音乐，请你们来欣赏一遍吧。 教师：你们觉得这段音乐如何？听完后有什么感受？ 2. 再仔细听一遍，辨别出音乐中有哪些动物的叫声（听第二遍）。 教师：那我们再听一遍音乐，请你听听音乐中有什么动物发出叫声。 3. 请同学说说听到的动物叫声，再猜测想象这些动物随着音乐在做什么？ 教师：你觉得这些动物随着音乐会做什么呢	1. 观看画面，聆听音乐，说说自己对音乐的感受（听第一遍）。 2. 蟋蟀、青蛙、小鸟、知了、猫头鹰 3. 回答问题，这些动物在举行唱歌比赛、在讨论等	创设情境，激发学生兴趣

二、探究释疑	分段理解表现音乐 1. 出示昆虫和其他动物的图卡，选择自己喜欢的动物并模仿它们的叫声（ABAB）。 教师：请你模仿一种动物的叫声并跟随音乐来唱一唱。 2. 出示节奏卡Ⅰ，请同学挑选几种动物来有节奏模仿其叫声。 教师：如果大家能有节奏地模仿动物的叫声就更好听了。 3. 将图片贴在节奏卡下方，请同学们随音乐有节奏地模仿动物叫声。 4. 请同学想出简单的标志来表示动物唱歌。 教师：你们觉得应该用什么样的标志来表示动物唱歌呢？ 5. 学生创编动物跳舞的动作，教师加以整理。 教师：小动物唱完歌，还要做什么呢？ 6. 出示节奏卡Ⅱ，想出表示动作的标志来对应节奏。 教师：你们创编的动作都很好，不过要是大家能有节奏地跳起来会更美。 7. 要求看节奏卡并练习两遍（C）。 8. 和同学讨论编制小动物唱歌跳舞的图谱。 9. 要求完整地随音乐表演1~2遍(ABABC)。	分角色表演。 a. 听辨 A B C 三段旋律的主奏乐器，请学生模仿其演奏姿势。 b. 再次欣赏乐曲，每组发一个小提板，请学生一边听辨一边依次贴出每段旋律的乐器名称。 A B A B C A 笛子笛子笛子小提琴小提琴笛子 A B A B C A 笛子吉他笛子小提琴笛子笛子	给学生展示音乐与画面的结合
三、巩固提高	教师：小动物们又唱又跳，好高兴。你们还想用什么方式来表现音乐呢？（打击乐） 1. 出示几种乐器，请同学选择和动物相匹配的乐器。 教师：你觉得用什么乐器来表示青蛙呢？ 2. 教师和学生商量打击乐图谱。 3. 要求学生看图谱并用乐器练习演奏。	蛙鸣筒、响板、三角铁、串铃、铃鼓	培养学生的动手能力和编创能力
四、拓展升华	学生围成圈，在老师的提示下，静静欣赏音乐。 教师：小动物跳累了，休息了，静静地听着音乐睡着了	学生做游戏	激发学生兴趣

五、 总结 巩固	如果我们人类能每天生活在这样美丽的大森林里，那该多好呀！可是，如今，森林被乱砍滥伐的现象很严重，我们美丽的地球逐年被破坏。 同学们，地球是我们赖以生存的家园，动植物更是我们的朋友。为了我们共同生活的这个大家园，音乐工作者以他们的方式赞颂着自然、呼吁着保护自然，那我们能够为地球做点什么呢	植树造林、不伤害小动物、不践踏草坪、不摘花、不捕鸟	保护大自然、热爱小动物人人有责
教学 反思	音乐欣赏是小学音乐课的主要资料之一，它是让学生通过聆听音乐、感知音乐来理解音乐，从而提高其感受美、鉴赏美、表现美、创造美的潜力		
板 书 设 计	主题A 1=C 4/4 6 1 3 5 3 3 2 | 3 3 2 3 √ 6 7 | 1 3 2 1 6 5 | 3 − − − | 6 1 3 5 3 3 2 | 3 3 2 3 √ 6 7 | 1 3 2 1 6 5 | 6 − − − | 演奏顺序： ≈ AABABCA ≈ ABABCA ≈		

【评析】音乐学科"二四五"互助自导式课堂教学模式，呈现出以教师为主导、学生为主体的学生自主学习的教学模式。该模式关注学生学习的三个维度，充分利用学生的课余时间，营造自主学习的环境，激发学生学习兴趣让音乐课堂的学习变得更主动。从教师的角度看，虽然有"教无定法"一说，但教师们的素质水平、能力水平等因素影响着课堂教学的质量，所以这种教学模式能在一定程度上指导教师们的言与行，规范课堂的教学模式，从而有效保障课堂教学质量。

小学美术欣赏评述
"六个学习"自导式课堂教学模式

赵珣　殷楠

江阳区小学美术学科组全体教师按照新课标的要求，通过"国培送教下乡"的实践探索，致力于发展学生核心素养，切合教学需要，以教师为主导、学生为主体，为提高学生的艺术发展水平，美术欣赏评述教学模块中建构了"六个学习"自导式课堂教学模式。

一、"六个学习"自导式课堂教学模式的特点

小学美术学科欣赏评述模块中"六个学习"自导式课堂教学模式，六个学习包括：欣赏·感知、理解·分析、发现·界定、评价·鉴赏、尝试·实践、拓展·探索。

该教学模式在学习的整个过程中呈现出以教师为主导、学生为主体的学生自主学习的教学模式，关注学生学习的三个维度；充分利用学生的课余时间，营造自主学习的环境，激发学生学习兴趣，让美术欣赏课堂的学习变得主动。

1. 欣赏·感知

欣赏·感知是指学生的自主课前学习，即学生在课前根据所学的美术欣赏课内容自主收集相关资料，在课堂上分享交流。

2. 理解·分析

理解·分析包括两个方面：一是师生自主学习；二是生生自主分析解惑学习。

3. 发现·界定

学生在学习过程中发现问题、了解知识，从而界定出所学的知识内容。

4. 评价·鉴赏

学生要学会欣赏后评价，并运用美术术语进行鉴别和欣赏作品。

5. 尝试·实践

在了解欣赏课的内容后，学生尝试用自己的艺术表现形式或艺术语言去表现事物，并表达出自己的艺术见解。

6. 拓展·探索

由点带面，以一种艺术表现形式或艺术知识联想到生活中类似的其他艺术知识；以本课堂所学习的艺术知识探索相关的知识。

构建美术欣赏课自导式课堂教学模式基本框架结构，如图1所示。

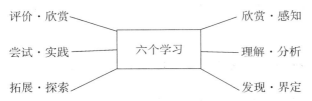

图1 美术欣赏课自导式课堂教学模式基本框架结构

二、"六个学习"自导式课堂教学模式欣赏课课型环节介绍

1. 欣赏·感知

（1）教师课前根据教学内容让学生搜集相关的欣赏课资料。学生自主课前学习，为课上的分享交流做好铺垫。

（2）教师播放导学内容，学生自主互助分享交流欣赏课学习的新知识。

（3）教师导入新知识，引导学生赏析作品。

2. 理解·分析

师生交流欣赏作品的情况。①对于浅显易懂的知识点，先由学生进行展示；②对于较难理解的知识点，由教师引导学生观察、分析、理解；③对于暂时存在学习理解困难的知识点，共同讨论解决或待到全班交流时解决。

3. 发现·界定

（1）教师在引导学生赏析作品时，要鼓励学生发现问题、提出疑惑，并对重点知识进行讲解，归纳总结重点和难点（也可由教师提出疑惑问题）。

（2）在赏析过程中，教师应及时提出问题，引导学生去观察、分析。

4．评价·鉴赏

（1）赏析作品时，教师要引导并鼓励学生敢于提出想法、表达见解。

（2）教师要鼓励学生敢于挑战权威、坚持真理。

5．尝试·实践

（1）师生要大胆尝试多角度地赏析作品，感受艺术欣赏作品所表达的美感。

（2）学生要尝试用自己的语言或方式来表现事物，并进行创作。

6．拓展·探索

（1）教师根据教材内容进行知识拓展，开拓学生欣赏眼界。

（2）师生互相释疑，教师巡视点拨。

（3）教师引导学生归纳知识要点，强调本节课的重难点，评价学生表现。师生共同总结本节课的收获，进行全班交流。

三、"六个学习"自导式课堂教学模式结构图——欣赏评述

图 2 为欣赏评述课的教学模式结构。

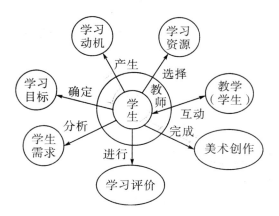

图 2　欣赏评述课的教学模式结构

【建模课例】

江阳区美术学科自导式课堂教学设计（欣赏评述模板）

备课时间：2019.4　　　主备人：殷楠　　　第 1 课时

《人民和总理》美术欣赏评述课教学设计

课题：《人民和总理》

课型：欣赏·评述

教学目标	1. 学生初步了解国画作品的材料、分类，初步学会鉴赏国画作品 2. 学生通过欣赏、分析，了解《人民和总理》作品的美及内涵，了解作品的背景和主题 3. 了解地震灾害带来影响，知道中国几个大的地震灾害事件。知道地震灾害的基本知识 4. 学生要受到深刻的爱国主义思想教育，唤起自身浓厚的爱国热情、振奋其民族精神 5. 让学生填写学习资料单，了解学生的学习情况			
重点	欣赏分析该国画作品	难点	了解人物画作品的艺术特点	关键
教学准备	多媒体课件、教材			

环节	教学内容	师生活动	教学目的
课前学习单	一、欣赏·感知 学生课前自主学习地震知识 二、理解·分析 三、发现·界定 （1）发现分享。 播放地震视频，让学生了解地震以及地震灾害带来的后果。学生分享交流课前收集的资料 （2）引出课题。 今天我们就来欣赏一幅由周思聪女士以周恩来总理和人民为主题创作的国画作品——《人民和总理》 四、评价·鉴赏 （一）带问题自主欣赏、评价 （1）师生交流对周恩来总理的了解。思考周总理是怎样的人？作品表现了什么内容？ （2）给学生观看周恩来总理生平事迹的部分影视片段，如邢台地震后，周总理看望灾区人民的片段。	1.教师提出思考问题；学生思考回答 2. 教师小结，板书课题 3. 教师提出自主欣赏问题，学生带着问题欣赏作品，并汇报欣赏后的感悟	1. 充分调动学生自主学习的积极性 2. 通过分享交流来激发学生学习的兴趣 3. 互助学习，从师生学习、生生学习多方面来促进学习

（关键栏）对比分析欣赏

	（3）作品用的什么表现方法？ （4）对比新闻照片和绘画作品，了解题字，学习人物、构图、色彩的知识。 （5）你对作者的了解。 周思聪：我国当代杰出的女画家，在中国绘画领域辛勤耕耘，在关注现实、继承和发扬民族艺术传统的基础上，吸收外来艺术营养，大胆变革，创建了融写实、夸张、变形为一炉的绘画风格。 （二）学习解惑、鉴赏 1. 认识国画 （1）你们怎么理解国画这个词？ （2）人物画的历史进程？ 我国的人物画，历史悠久。据记载，商、周时期，已经有壁画。东晋时的顾恺之提出"以形写神"的主张。唐朝阎立本、吴道子等都为人物画做出了卓越的贡献。唐朝以后，画人物画的画家就更多了，之后历代都有。 2. 深入欣赏 （1）这幅国画有什么特点？ 这幅国画以情感触摸画中人物的心灵，将周恩来总理和普通劳动者的形象刻画得准确传神，真实感人。 （2）该作品的历史意义是什么？ 这幅国画充分再现了周恩来总理1966年赴邢台震区视察灾情、慰问灾民的感人情景，是新时期恢复直面人生的现实主义精神的典型作品。	4. 教师课件不同角度出示国画作品，学生对比分析他们的不同； 教师简单介绍国画的分类依据，学生小组内探究分析 5. 学生说感想 6. 组际间交流感想	4. 了解国画的特点，学习国画人物的表现手法，从这件作品的各个方面来分析国画的表现方法	
	五、尝试·实践 请同学们试着说说欣赏这幅国画后的感想		
	六、拓展总结		
课中学习单	《人民和总理》 1. 这幅画的作者是谁？主要内容是什么？ 2. 这节课我们学习了对国画的认识、人物画的历史进程、绘画作品的意义三个知识点，其中，你最感兴趣的是哪个，请谈谈你的感受。		
板书设计	**人民和总理** 周恩来　周思聪 人物画		
课后反思	教学中可以就中国画的分类、人物画的历史及表现方法让学生对国画有较深入的理解。这样学生会自然而然地掌握到教材人物画的特点。在介绍周思聪擅长表现的题材时，教师可以多出示些周思聪的其他作品，这样既能调动学生的兴趣又能帮助学生更好理解其作品内涵。		

第二编：初中篇

初中语文"三四三"自导式阅读教学模式

张远成　唐丽　朱祥群　许忠莲　潘云平

依据四川省教育科学研究院关于自导式教学的理论，江阳区初中语文学科建构起"三四三"自导式阅读教学模式。

（1）"三"（第一个）即"三环"，是指阅读教学在时间安排上的三个环节：课前、课中、课后。具体教学实践为：①课前——精准前置学习。师生共同设置阅读任务，制定导学任务单。②课中——精准探究释疑。教师精准指导，学生精准探究。③课后——精准拓展迁移。精准总结阅读，精准布置作业，形成拓展学习任务单。

（2）"四"即"四导"，是指阅读教学在师生活动上的四个步骤：导入、导学、导思、导结。具体教学实践为：①导入——激趣导课。②导学——明确目标。③导思——自主学习+合作探究+交流分享+精准释疑。④导结——学习总结。

（3）"三"（第二个）即"三读"，是指阅读教学在思维发展上的三阶要求：读通、读懂、读活。具体教学实践为：①"读通"，即能正确朗读、积累词句、感知文意等；②"读懂"，即能理解内容、体会情感、品味语言、揣摩写法等；③"读活"，即能拓展阅读、群文阅读、读写结合等。

图1为初中语文阅读"三四三"自导式阅读教学模式。

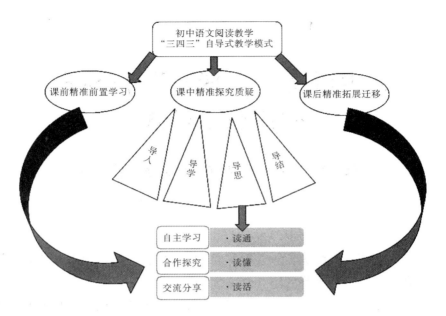

图1　初中语文阅读"三四三"自导式阅读教学模式

"三四三"自导式阅读教学模式旨在突出学生自主、合作、探究性阅读，同时强化教师精准导读。该模式在阅读教学实践中遵循了阅读教学规律，简明了阅读教学程序，因而既给予了学生自主的阅读空间，又彰显了教师导读的教学个性。

【建模课例】

紫藤萝瀑布
——在聆听花语中探寻"托物言志"的写作手法

（统编语文教材七年级下册第17课　唐丽执教）

环节一：课前精准前置学习

1. 导学任务单

（1）回顾《紫藤萝瀑布》中描写紫藤萝花的句子，概括紫藤萝花的特点，品析花的品质，悟出志趣，完成表1。

表 1 紫藤萝花品析

描写紫藤萝花的句子（可以在文中勾画）	紫藤萝花的特点	花的品质、神韵（用几个词概括）	情志（联系作者及自己）
1			
2			
3			
……			

（2）自主阅读课外两篇文章，完成表2。

表 2 自主阅读课外文章品析

文本	描写花的句子（可以在文中勾画）	花的特点	花的品质、神韵（用词语概括）	情志（联系作者及自己）
《好一朵木槿花》				
《丁香结》				

（3）一花一世界，梅花、莲花、菊花、桃花、玫瑰花等，都在用自己的语言不停地诉说着生命的精彩。你或许也有喜欢的花朵，是不是也赋予了它们某种花语呢？请选择一种花，写出你的花语。

2. 共同制订学习目标

（1）根据议题快速阅读组文《紫藤萝瀑布》《好一朵木槿花》《丁香结》，捕捉关键信息，找出描写"花"特点的句子和表明"花"与"生命"内在联系的句子。这也是学习的重点内容。

（2）找出"花"与"生命"之间的相同点或相似点，体悟"花"中蕴含的生命价值。这也是学习的难点内容。

环节二：课中精准探究释疑

1. 导入——激趣导课

师：其实我们每一天的生活里都有花的陪伴，花是一种装饰，更是一种熏陶。花是有花语的，请同学们来读一读栀子花的花语。

（出示两种花的图片）

生（齐读）：栀子花，在最炎热的夏季盛开，无所畏惧，清香四溢，带来无限喜悦。

师：花语——是人在看见花时感受到的它的独特生命和心灵。今天，让我们一起走进宗璞的《紫藤萝瀑布》，去聆听紫藤萝花的花语吧。

2. 导学——明确目标

师：每一节课总是一次精彩的遇见。在正式走进文本之前，我们首先要明确本节课的学习目标。

（出示学习目标，学生齐读）

3. 导思——自主学习+合作探究+交流分享+精准释疑

（1）"读通"：共读一篇，走进花世界。

学生自主学习《紫藤萝瀑布》（默读或者朗读），解决生字词的读音与含义问题，了解文章主要内容。

分组分享自主学习所得，教师指导、激励学生。

（2）"读懂"：品味赏析，感知花世界。

①一看：看文章标题。

师：同学们，请大家再次看文章标题，想想本文的写作对象是什么？

生：本文的写作对象是紫藤萝花。

师：本单元的单元提示，本文是一篇托物言志的散文。那"托物言志"四个字中我们应该把重点放在哪两个字上呢？

生："物"和"志"。

师：文章的写作对象是紫藤萝花，那这篇文章仅仅是写紫藤萝花吗？

②二找：所托之物一定和所言之志有共同之处。

师：请大家再次阅读文章，快速找出文中能体现托物言志的语句，并在小组内合作探究、分析交流。

生1：我们小组从"一片辉煌的淡黄色""深深浅浅的紫""紫色的大条幅上，泛着点点银光，就像迸溅的水花"等词句，读出了紫藤萝花开得繁盛，有着顽强的生命力。

生2：文中运用比喻、拟人等修辞手法，从紫藤萝花的形态、颜色等方面写出了紫藤萝花的繁多、茂盛、活泼、灵动的特性。

……

师：同学们阅读得很仔细，也很准确，在合作学习中得出了最后的结论，为大家的有效学习点赞。

③三析：根据紫藤萝花的特点去分析其品质和神韵。

师：每一种花都有自己的品质和神韵，在聆听紫藤萝花的语言中，大家感受到它的什么品质呢？

生：生机勃勃、顽强的生命力、精神的宁静、生的喜悦……

④四悟：从紫藤花的品质中悟出生命，悟出作者所要抒发的情志。

师：同学们，请细细研读文章，找出文中的主旨句或关键句。

生：能体现作者情志的句子是"花和人都会遇到各种各样的不幸，但是生命的长河是无止境的"。

师：综上，对于"托物言志"类文章的阅读，我们都可以按照"一读标题、二找语句、三析品格、四悟情志"的方法进行。

（3）"读活"：自读两篇，悟得花中语。

①自主阅读，勾画并大声朗读描写类的句子，完成导学任务表2。

②合作交流，展示汇报。

③教师点拨，引导学生完善学习。

（4）导结——小结所获＋当堂检测。

师：对于本节课的学习，你有什么收获？有什么样的阅读体验与感悟？

生1：我掌握了"托物言志"类文章的阅读方法。

生2：……

师：活学还要活用。请同学们请选择一种花，试写一段，采撷花之美。

（全班交流）

3. 课后——精准拓展迁移

（1）阅读《同步阅读1+X读本》与《紫藤萝瀑布》相对应的文章。

（2）自主完成课后的拓展学习任务单。

①学习总结。

请列举出阅读"托物言志"类散文的方法。

②学以致用。

阅读课外文段《野菊花》，完成表3。

表3 野菊花品析

文本	找句子：文章从哪些角度描绘野菊花的	明特点：野菊花的野性主要表现在哪些方面	析品质：从⑦⑧⑨段中找出并赏析写了野菊花性格和气质的句子	悟情志：结合你对生命的意义和价值的理解，谈谈你从野菊花身上得到哪些启示
野菊花				

【评析】本节课按照"三四三"自导式阅读教学模式实施教学。课前精准前置学习，师生共同设置阅读任务，制定导学任务单；课中精准探究释疑，教师精准指导，学生精准探究；课后精准拓展迁移，总结所获，学以致用。课前、课中、课后这"三环"从时间上连接起课内外学习空间，引领学生有序学习。课堂教学首先激趣导入，进而明确目标，在此基础上进行导入思考，通过自主学习、合作探究与交流分享，教师适时点拨以精准释疑，并总结学习所获，当堂检测。导入、导学、导思、导结这"四导"循序渐进，师生活动逐步推进。在这个过程中，"读"是主线，首先"读通"，学生正确朗读，积累词句，感知文意；继而"读懂"，理解内容，体会情感，揣摩写法；再跃升到"读活"，实现有效的群文阅读。读通、读懂、读活在思维发展上形成三阶训练，引领学生阅读"走一步，再走一步"，实现"真实地读""智慧地读"。若在教学中给予学生更多的探究性阅读空间，学生的"自主"也就表现得更充分，"自导"的效果也就会更好。

初中语文"读写结合"自导式
写作教学模式

张远成　潘云平　许忠莲　朱祥群　唐丽

"读写结合"自导式写作教学模式主要是"以读促写，读写结合"，即学生以自主的方式，通过自主阅读学习写作，在此基础上自主仿写创作，在实现读写结合中进行仿写甚至创作，然后在自主评改中深化读写结合，进一步培养写作能力，习得写作方法，发展写作思维，提升写作素养。在这个过程中，教师则以主导的方式，通过"目标导学"帮助学生明确写作目标，再以"经典导写"引导学生模仿性地练写，并鼓励学生创造性地写作，进而以"点拨导改"引领学生在自改与互评中实现写作"再走一步"。图1为初中语文"读写结合"自导式写作教学模式结构。

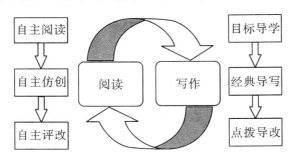

图1　初中语文"读写结合"自导式写作教学模式结构

"读写结合"自导式写作教学模式将阅读与写作进行深度融合，既突出学生自主写作，又强化教师精准导写。该教学模式不仅深化了阅读所得所悟，还有效地培养学生的写作能力，实现阅读与写作"共长"。

【建模课例】

抓住细节

（统编语文教材七年级下册第三单元　潘云平执教）

1. 写作目标

（1）掌握细节描写及其在写作中的作用。

（2）学习在写作中运用细节描写刻画人物、表达情感。

（3）引导学生认真观察、细心领悟，并记录外物带来的感受与感悟，以丰富自我情感。

2. 写作重点

学会对外貌、动作进行细节描写，以刻画人物、表达情感。

3. 教学时间

教学时间一般为一课时。

4. 教学过程

教学过程主要分为学生自主、教师主导两个方面，具体见表1。

表1　教学过程明细

学生自主	教师主导	教学简述
一、自主阅读 1. 明确目标 （1）掌握细节描写及其在写作中的作用。 （2）学习在写作中运用细节描写（刻画外貌或动作）刻画人物、表达情感。 （3）引导学生认真观察、细心领悟，并记录外物带来的感受与感悟，以丰富自我的情感。 2. 阅读学写 （1）自读品析课文。 （2）组内交流。 （3）班级分享。	一、目标导学 （1）引导学生制订明确的读写目标： ①关于细节描写：细节描写是对人物、景物、事件等表现对象的细微刻画，往往能起到以小见大、画龙点睛的作用。 ②回忆本单元课文，哪些细节描写让你印象深刻？ ③请找出并品析令你印象深刻的细致刻画外貌或动作的句子，了解这种描写方法。 （2）要求学生根据读写目标自主阅读单元课文。	写作教学第一步："以读促写"，初试"读写结合"，即教师主要以单元课文为例引导，学生通过自主阅读，学到写作经验和方法，明确写作目标

学生自主	教师主导	教学简述
二、自主仿写创作 1. 自主仿写 以"××的那一刻"为题，写一个细节外貌或动作的片段。填入题目中的词语要表述发生在短暂时间内令你难忘的事情，并模仿经典学习写作，重在描写细节。 2. 情境写作 观看运动会上学生"冲过终点线的那一刻"的视频以及"走上领奖台的那一刻"的视频，仔细观察、揣摩，运用细节描写进行情境式写作。 3. 自主创作 （1）自选见闻中印象深刻且有一定感悟的场景，运用细节描写（主要是外貌与动作）进行自主写作。 （2）大胆尝试创造性的写作。	二、经典导写 （1）以本单元课文为例，引导学生练习细节描写。例如《阿长与山海经》中对长妈妈的细节描写之"睡觉摆大字"片段，"伸开"等逼真地描写出阿长睡觉习惯的粗俗，语带调侃地表达"我"对她的讨厌。细节的着重点不同，突出人物情感则不同，阅读教学时让学生边读边体验感受，读出人物的情感。 （2）补充关于外貌或动作的经典的细节描写，丰富学生对细节描写的认识。例如，以对托尔斯泰外貌的细节描写为例进行探究。 （3）导写。作者抓住人物外貌的哪些方面进行描写？是怎样层层深入的？又是怎样把动作写具体的？点拨对外貌的细节描写技巧。	写作教学第二步："以读练写"，实现"读写结合"，即教师在第一步基础上，引导学生自主仿写创作，依据课文练习仿写甚至创作，实现"读写结合"，达成写作目标
三、自主评改 （1）写好后自己读一读，对照你找的外貌描写或动作描写的片段进行修改，完善片段。 （2）小组互改。用红色笔为你的组员进行修改，并给出修改理由。 （3）分小组对优秀片段进行交流展示。生生、师生从外貌描写和动作描写方法角度去评价他人。 展示要求： 展示学生：声音洪亮，口齿清楚，感情到位。 其余同学：认真倾听，仔细思考，辨别，分析别人的优点并给出改进建议。同学之间相互补充完善。 （4）再改完善。将已修改好的片段规范地书写在作文本上。	三、点拨导改 1. 内容修改 （1）细节情形：怎样的故事或场景或心理活动？ （2）细节内涵：刻画了怎样的人物？表达了怎样的情感？以及凸显了怎样的性格特点？揭示了怎样的哲理？ 2. 语言修改 （1）准确地表达：错别字、病句的修正，遣词用语的修改等。 （2）生动地表达：词、句的艺术化，修辞手法、表现手法的灵活运用，谋篇布局的调整优化等。 （3）有创意表达：在原有写作基础上，大胆地尝试写作新视角、新方法、新用语等。 3. 写法修改 （1）修改符号进与丰富。 （2）修改流程合理与优化。 （3）修改习惯调整与养成。	写作教学第三步："以读促改"，深化"读写结合"，即教师引导学生自主评改，帮助学生提高写作能力、习得写作方法、发展写作思维、提升写作素养、实现写作"再走一步"

【评析】本节课运用"读写结合"自导式写作教学模式展开教学，充分挖掘教材的写作要素，引导学生通过自主阅读学到课文的写作经验和方法，在此基础上自主仿写创作，在实现读写结合中训练写作能力，然后在自主评改中进一步培养写作能力，习得写作方法，发展写作思维，提升写作素养。在这个过程中，教师没有"放养式"教学，而是积极地以主导的方式，通过"目标导学"帮助学生明确写作目标，再以"经典导写"引导学生练写，并鼓励学生进行创造性写作，进而以"点拨导改"引领学生在自改与互评中实现教学目标。这样教学不仅让写作教学可以"有的放矢""有序前行"，也能促进阅读教学丰厚"读"的内涵，开拓"写"的路径。

初中语文"三环五步"自导式
复习教学模式

张远成　朱祥群　唐丽　许忠莲　潘云平

根据四川省教育科学研究院关于"自导式"的教学理论及课改要求，江阳区初中语文学科切合复习教学需要，建构了"三环五步"自导式复习教学模式。

"三环"是指复习教学的三个环节，即先学后教、以学定教、学以致用。具体教学实践为：①课前——先学后教。教师设置复习内容，先学后教，变"被动"为"主动"。②课中——以学定教。学生提出疑问，教师引领学生复习，探寻方法，变"学会"为"会学"。③课后——学以致用。学生自主总结，学以致用，变"知识"为"素养"。

"五步"是指复习教学中师生活动的五个步骤：导入激趣、明确目标、自主复习、点拨引领、巩固提升。具体教学实践为：①导入激趣——选择适应课堂教学内容的方式引入。②明确目标——展示并再次明确本堂课复习的目标。③自主复习——学生先在小组内交流归纳复习要点，互相补充并互相质疑；然后各小组派代表在班内交流。④点拨引领——在学生自主归纳和展示交流的基础上，教师根据学生需求进行精准点拨、讲解、引导、梳理等，师生共同解决复习中的疑难问题。⑤巩固提升——老师精准设置有针对性的、具有一定难度的练习题进行巩固提高，让学生在解决问题的实践中提升能力，提高学习质量。

"三环五步"自导式复习教学模式以"以生为本"的教育理念为指导，遵循"以学定教、少教多学、问题导学"的教学原则，教师引导学生自主、合作、探究式复习，培养自主复习能力，发展思维，提升素养，构建高效灵动的复习教学课堂。图 1 为初中语文"三环五步"自导式复习教学模式结构。

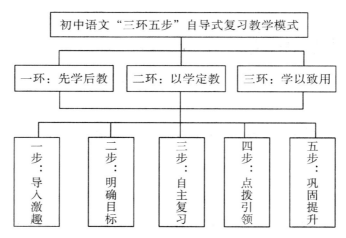

图 1　初中语文"三环五步"自导式复习教学模式结构

【建模课例】

古诗复习之析情感

（统编教材九年级中考复习　朱祥群执教）

一环：课前"先学后教"

1. 复习任务单

（1）自主梳理古诗考点。

（2）结合 2015—2018 年泸州中考古诗题目，自主分析归纳完成表 1。

表 1　2015—2018 年泸州中考古诗题目汇编

年份	古诗题目	考点
2015	1. 这首诗主要表现了诗人怎样的思想感情？ 2. "隔岸开朱箔，临风弄紫篁"一联中有两个字用得极妙，请指出来，并简要说明理由。	
2016	1. 诗歌第二联写景用了什么手法？这营造出了一种怎样的氛围？ 2. 请简要回答全诗表达了作者哪几种感情。	
2017	1. 诗歌题为"早发"，请简要分析全诗是怎样扣住"早"字来写的。 2. 诗歌尾联用了什么手法？表达了诗人什么情感？	

表1（续）

年份	古诗题目	考点
2018	1. 请简要赏析诗句"星繁愁昼热，露重觉荷香"的妙处。 2. 本诗抒发了诗人哪些情感？请简要回答。	

（3）你认为古诗复习中最难的是什么？

2. 共同制订复习目标

（1）学习目标。

①读懂诗歌大意，探寻诗歌抒情的方法。

②合作探讨，分享收获，交流表达自己的观点。

（2）学习重难点。

读懂诗歌大意，归纳诗歌抒情的方法。

二环：课中"以学定教"

1. 第一步：导入激趣

教师提问：谁能说说中考有哪些古诗考点？

生1：古诗考点有品析炼字、描绘画面、赏析名句、分析作者的思想情感。

生2：还有分析语言特色和表达技巧。

师：同学们平时认真关注了古诗考点，那最近几年泸州中考古诗考点有什么特点？

生3：每年都考到了分析诗歌所表达的思想情感。

师：同学们观察得很仔细，近几年中考古诗都有关于分析诗歌表达的思想情感的题，这也是同学们最不容易得高分的题。今天我们一起探寻分析诗歌中表达的思想情感的方法。

2. 第二步：明确目标

教师展示（幻灯片）学习目标，学生齐读。

学习目标：

（1）快速读懂诗歌大意，探寻分析诗歌所传达的情感的方法。

（2）在学习过程中能与其他同学分享收获，交流表达自己的观点。

3. 第三步：自主复习

师：请同学们在本小组内交流自主学习的收获及疑惑，相互补充，互相答疑。对于小组内不能解决的或意见不统一的问题，请大家将其记录下来，之后在全班进行交流。

学生在小组内交流表达，教师巡视并个别交流。

师：同学们刚才讨论得非常积极，都大胆地表达了自己的观点。现在请同学们在班上来分享你们的自主学习收获。

生4：我们小组经过讨论，一致认为分析诗歌情感最难，根据以往的情况，有时是答错了，一分也没有；有时是答不完整，得分较低。因此，我们不知怎样阅读古诗才能读懂诗歌，准确把握作者的情感。

生5：我们小组也是有同样的疑惑，有时我发现可以从标题或某些字中读出情感，如《春夜喜雨》中，我们可以读出"喜爱"之情；但有时我也疑惑，如看见"独"我们会认为是"孤独寂寞"，但在"独坐幽篁里"这样理解又不准确，所以不知该怎样准确把握情感？

......

教师小结：我们不能在古诗分析题得高分的原因，可以概括为两个方面，即分析不准确或答题不完整。接下来我们就一起来探寻准确把握诗人情感的方法。

4. 第四步：点拨引领

师：刚刚有同学发现，从诗歌的标题可以猜测出诗歌的情感，那同学们看看这两个标题，你能读出什么情感？

（1）示例1：《天净沙·秋思》《送友人》。

生6：《天净沙·秋思》中表达游子的思乡之情，从"思"字中看出的；《送友人》中表达依依惜别之情，从"送"字看出的。

生7：我认为寻诗歌情感可以关注标题。

师小结并板书：看标题

（2）示例2：

《登幽州台歌》（作者：陈子昂）"前不见古人，后不见来者。念天地之悠悠，独怆然而涕下！"

【注释】陈子昂（661—702年）字伯玉，梓州射洪（今属四川）人，唐代诗人。幼年有豪侠性格，闭门读书，遍览经史百家，有远大抱负。24岁举进士，受武则天赏识授麟台正字、右拾遗，随军东征西讨，参谋军事，后谏议多不合，解职还乡，遭人诬陷入狱，忧愤而死。

（学生齐声读）师：本诗抒发了诗人怎样的思想感情？

生8：本诗抒发了诗人怀才不遇，壮志难酬的悲愤情怀。我是从诗歌的最后一句"独怆然而涕下"及注释中读出的。

师：这位同学从注释中了解了诗人的写作背景，又结合诗歌中的关键句分析，综合分析了诗人的情感。我们可以归结为"抓词句、明注释"。

师：我们再来看一个例子，你又有什么发现？

《闻王昌龄左迁龙标遥有此寄》（作者：李白）杨花落尽子规啼，闻道龙标过五溪。我寄愁心与明月，随风直到夜郎西。

找出诗中的具体意象，简析作者的思想感情。

（学生讨论）

生9：我从"杨花落尽""子规啼"的描写中读出了李白对挚友的遭贬表达无尽的伤感。

生10：从"我寄愁心与明月"中读出诗人对朋友的同情与抚慰之情。

生11："杨花落尽"表明是暮春时节，也是人们感伤之时，杜鹃悲啼，使人顿生伤感之情，"明月"往往在诗中表达思念之情，从这些意象中我们读出诗人对友人的伤感、同情及抚慰之情。

师：在诗歌中，诗人把自己的情感赋予在某些景或物中，使之为意象。通过分析意象，我们也可以捕捉诗人的情感。如"柳""长亭"等词常常表达送别的依依不舍之情，请同学们在课后对初中三年来的诗歌中出现的意象进行归类整理。

师：今天，我们学习了一些探寻诗歌情感的方法，但这只是一部分，还可以借助其他方法分析情感，需要同学们在今后的学习中多留意，多积累。最后让我们一起来说一说今天你寻得读懂诗歌情感的哪些方法。

生：今天我们探寻诗歌情感的方法有看标题、抓词句、明注释、析意象。

5. 第五步：巩固提升

师：知晓了方法，我们就要学以致用。

（学生完成练习）

《绝句二首（其一）》（作者：杜甫）迟日江山丽，春风花草香。泥融飞燕子，沙暖睡鸳鸯。

【注释】迟日，即春日。此诗写于诗人经过"一岁四行役"的奔波流离之后，暂时定居成都草堂时。

思考：此绝句表达了诗人怎样的感情？

生12：表现了诗人结束奔波流离生活安定后愉悦闲适的心境。

师：同学们很快就完成了这首诗，现在我们来挑战自我。

《溪桥晚兴》（作者：郑协[①]）寂寞亭基野渡边，春流平岸草芊芊[②]。一川晚照人闲立，满袖杨花听杜鹃。

【注释】①郑协：南宋遗民。②芊芊：草木茂盛。

问题：有人说诗中的"闲"字表现了诗人闲适恬淡的心境，你同意这种说法吗？请结合诗歌简要分析。

要求：学生先独立思考问题，然后在小组内交流讨论。

生13：不同意。诗人通过"寂寞亭基""野渡无人""落日晚照""杜鹃啼血"这些悲凉的景物，再加上诗人特殊的身份——南宋遗民，表达故国之思、亡国之痛带来的凄凉、孤独、怅惘之情。

师：请同学们来说一说今天有何收获？

生14：今天我们探寻了理解诗歌情感的一些方法，即看标题、抓词句、明注释、析意象等，方法不止这些，并且还懂得分析一首古诗不是单纯用某种方法，而是综合运用多种方法，才能准确完整把握诗人的情感。

三环：课后"学以致用"

（1）学生整理初中所学古诗中的意象及所表达的情感，如表2所示。

表2 初中所学古诗中的意象及情感汇编

意象	情感	举例
酒	豪情、悲愁、苦闷和郁郁不得志	
月	思念或离愁别恨、寂寞思归之情	
落花落红	多传达青春易逝、人生无常的哀愁	
浮云	比喻在外漂泊的游子	
……		

（2）探寻分析诗歌抒情的其他方法。

【评析】本节课运用"三环五步"自导式复习教学模式开展中考的古诗复习教学，课前学生根据教师布置的复习任务自主复习，实现变"被动"为"主动"；课中重在以学定教，先由学生提出疑问，教师再据此引领学生复习，探寻方法，导入激趣、明确目标、自主复习、点拨引领、巩固提升这五步有序展开，落实要求，指导得法，实现变"学会"为"会学"；课后重在学以致用，让学生自主总结中迁移训练，实现变"知识"为"素养"。若在课前教师只给出课题而目标和任务由学生自定，教学中增加学生质疑环节，这堂课复习教学就更具实效。

"问题导学，探究互动"下的
初中数学课堂新授课教学模式

王晓兰　方山学校　黄云良

本节课以人教版八年级（下）的新授课"15.3分式方程（1）"教学为例，重点内容是掌握可化为一元一次方程的分式方程的解法；难点是了解解分式方程可能产生增根的原因，体会转化的数学思想；关键是将分式方程转化为整式方程。根据四川省教育科学研究院关于"自导式"教学理论，江阳区乡镇初中数学"问题串"教学设计与应用成果（该成果荣获泸州市第三届课堂教学改革优秀成果一等奖），结合学生已有的知识基础和认知规律，授课教师建构了"问题导学，探究互动"下的初中课堂新授课教学模式。该模式突出了五个精准：精准设计学案，组织成果交流；精准指导问题探究，组织互动体验；精准设计分层练习，组织分类指导；精准引导学后反思，组织总结提升；精准布置分层作业，组织自主选择。

一、精准设计学案，组织成果交流

1. 组内交流课前复习成果，全班展示

教师根据教学内容和学生的学习基础，提出针对性的复习问题，有助于学生预习和课堂探究新课。

案例1：课前复习学案。

问题1：解方程：$\dfrac{5y-1}{6}=\dfrac{7}{3}$。

问题2：回忆解含分母的一元一次方程的基本思想和一般步骤。

交流方法：

可以有效利用课前三分钟来进行小组内交流复习成果，教师巡视收集情况，选择 1~2 组的复习成果作为展示 PPT，请学生评价后，老师再展示准备好的 PPT 请学生核对修改。

2. 全班交流预习成果，引入新课

教师根据教学内容，恰当地选取分式方程的概念作为学生的预习内容，引导学生阅读教科书、自主学习和思考新课的部分内容，培养学生良好的自学习惯。

案例 2：课前预习学案。

请回顾教科书 P126 引言部分的实际问题，阅读 P149 第三自然段并回答下列问题：

问题 1：对比方程 $\dfrac{90}{30+v} = \dfrac{60}{30-v}$ 与 $\dfrac{5y-1}{6} = \dfrac{7}{3}$，它们有什么不同？

问题 2：请尝试为新方程 $\dfrac{90}{30+v} = \dfrac{60}{30-v}$ 命名和下定义。

交流方法：

分别请学生回答，教师板书课题和分式方程的定义，并用一个概念辨析题巩固学生对分式方程定义的理解。

问题 3：

下列方程是分式方程的是（　　　）。

A. $2x + 3 = 1$　　B. $\dfrac{5}{x} = \dfrac{7}{x-2}$　　C. $\dfrac{x-3}{5} = 1$　　D. $3x + 2y = 1$

二、精准指导问题探究，组织互动体验

1. 问题探究，互动体验

同一板块下的数学知识是呈螺旋式的上升趋势，新知识往往可以通过转化或类比的数学思想得以掌握。培养学生独立思考的良好习惯。通过生生互动，小组合作，学生可以养成合作交流的良好习惯；同时也能发挥"兵教兵"的优势，让学困生得到及时的帮扶。教师在与学生互动的环节中，发挥主导作用，充分做到精讲点拨。

案例 3：问题探究。

问题：如何解分式方程 $\dfrac{90}{30+v} = \dfrac{60}{30-v}$？请学生独立思考后再在小组内分享心得。

教师引导学生类比课前复习中的解含分母的一元一次方程的基本思想和一般步骤，并进行思考，用动画演示的方式让学生探究解法。

教师引导学生总结解分式方程的基本思想和一般步骤（前两个步骤）。

2. 逐级体验，完善认知

学生对新知学习有了收获后，一般都渴望体验成功的喜悦。对此，教师可以采取"小步子策略"分层次安排巩固训练，让学生及时反馈学习效果，在体验中完善认知。

案例4：

问题1：试一试（分组练习）

把分式方程转化为整式方程：

A 组：$\dfrac{5}{x} = \dfrac{7}{x-2}$；　　　　B 组：$\dfrac{5}{x-1} = \dfrac{1}{x+3}$

学生可以巩固对解分式方程基本思想的认识，掌握将分式方程转化为整式方程的方法。

问题2：解分式方程 $\dfrac{1}{x-5} = \dfrac{10}{x^2-25}$

在解方程过程中，有的学生可能会发现疑惑，那么教师要组织学生在小组内探讨：

①解分式方程有可能出现什么情况？如何发现这一情况？

②回顾前面解过的分式方程，思考解题过程是否完整？若不完整，请指出并完善。

③检验分式方程的方法。

教师再以微课辅助的形式对增根的定义、产生增根的原因及验根的方法进行答疑解惑，突破难点。

教师再次引导学生总结解分式方程的一般步骤，并阅读思维导图。

三、精准设计分层练习，组织分类指导

提高教学质量的主阵地在课堂，帮扶各层次学生的主阵地也在课堂。分层次设计巩固训练题，让学生可以根据实际情况自主选择，突出"以生为本，因材施教"的教学理念。发挥组内学优生的优势，通过同伴互助，分散帮扶学困生，同时也可以提高学优生的学习能力，让各层次学生都有学习的收获，都能得到进一步的发展。

案例 5：

选做一题 A 组：$\dfrac{1}{x-1} = \dfrac{2}{x^2-1}$　　B 组：$\dfrac{x}{x-1} - 1 = \dfrac{3}{(x-1)(x+2)}$

及时反馈，及时帮扶（师生帮扶，生生帮扶），人人过关。

四、精准引导学后反思，组织总结提升

引导学生从知识、思想和方法方面进行学后反思，指导学生了解各个知识点间的内在联系，形成知识体系，了解本节课体现的主要的数学思想和方法，形成解决问题的经验和方法体系；同时组织学生对自我和小组学习进行评价。

案例 6：

师：回顾本节课，同学们有哪些收获？请从知识、思想与方法、个人与小组表现等方面进行总结评价。

鼓励学生畅所欲言，指导学生绘制思维导图。

教师展示思维导图，引导学生养成学后反思的良好习惯。

五、精准布置分层作业，组织自主选择

基本技能的形成需要一定量的训练，但训练要适度，也要注重训练的实效性。布置作业是为了帮助学生复习巩固所学知识，全面了解教师的教和学生的学的效果，通过及时的评价反馈，教师可以改进教学。分层的作业有利于调动各层次学生的积极性，满足不同层次学生的需求，促进学生的自主学习。

【评析】本节课在预习环节充分考虑了学生的知识经验，在探究环节考虑了学生的认知规律，通过有效的问题串循序渐进地引导学生探究解分式方程的思想、步骤；在突破难点环节先鼓励学生自主尝试，发现问题后再组织小组讨论、交流，教师再以微课和动画等信息技术手段帮助学生了解解分式方程可能产生增根的原因和检验的优化方法；在练习环节重视夯实基础和关键步骤，不急于求成，从最开始的将分式方程转化为整式方程的练习到完整的用一般步骤解分式方程的练习，请学生根据自己的实际情况自主选择练习题符合学生学习的层次性和差异性；在小结环节善于培养学生学后反思的良

好习惯，从知识、思想和方法等方面进行归纳总结；在作业环节，分层作业、减轻学生负担的做法值得提倡。在微课辅助突破难点教学环节时间过多，效果不是很理想，建议设计问题串引领学生思考，在师生互动探究中突破难点更为自然和有效。

聚焦专题，分层推进，提高中考复习质量

——初中数学中考专题复习课教学模式

周正国　王晓兰

初中数学中考专题复习课是继第一轮中考基础复习后的第二轮中考复习。它的特点是依据学情，聚焦专题，具体而言，可以根据重点知识板块选专题、根据易错易混点选专题、根据数学思想选专题、根据数学方法选专题等。如何构建初中数学中考专题复习课的教学模式，提高复习质量是初中数学国培3班学员们探讨的重点课题。下面以国培送教下乡中的一节示范课《一元二次方程根与系数的关系的应用专题复习》为例进行说明。本节课聚焦的专题是重点知识板块一元二次方程根与系数关系的应用，构建教学模式如下："知识回顾，基础训练""典例探究，精讲点拨""分层训练，分类指导""学后反思，总结提升""分层作业，巩固提高"。该教学模式有利于帮助学生熟练掌握一元二次方程根与系数的关系，灵活运用一元二次方程根与系数的关系求解关于两根代数式的值，综合运用一元二次方程根的判别式和根与系数的关系来解决相关问题。

一、知识回顾，基础训练

以填空的形式引导学生回顾一元二次方程根与系数的关系的基础知识，并进行基础训练。这一环节对于知识有遗忘的学生尤其重要，案例中的第（3）问是一类求关于两根的代数式值的常见考题，要求学生会进行代数式的有效变形，渗透转化、整体的思想。可以给学生提出关于结论的开放性问题，如"你还可以求出关于x_1，x_2的哪些代数式的值？"，这样有助于训练学

生的发散性思维。学生独立思考求解，再进行小组交流、全班展示，最后进行师生评价。

案例 1：

（1）若 x_1，x_2 是关于 x 的一元二次方程 $ax^2 + bx + c = 0 (a \neq 0)$ 的两个实数根，则 $x_1 + x_2 =$ _____，$x_1 x_2 =$ _____。

（2）若 x_1，x_2 是一元二次方程 $x^2 - 5x - 1 = 0$ 的两个实数根，则 $x_1 + x_2 =$ _____，$x_1 x_2 =$ _____。

（3）已知 x_1，x_2 是一元二次方程 $x^2 - 5x - 1 = 0$ 的两个实数根，则 $\dfrac{1}{x_1} + \dfrac{1}{x_2} =$ _____，$x_1{}^2 + x_2{}^2 =$ _____。

二、典例探究，精讲点拨

一元二次方程根与系数的关系通常用一元二次方程根的判别式综合运用去解决有关问题。案例 2 中的第（1）问是一元二次方程根的判别式的运用，第（2）问是在第（1）问的前提下运用一元二次方程根与系数的关系。本题的难点主要体现在三个方面：一是关于含字母系数的一元二次方程，只有正确确定二次项系数、一次项系数、常数项，才能正确表示判别式，为了突破这一难点，教师可以请学生参与分析，从而渗透整体的数学思想；二是代数式的正确变形，学生在运算方面的能力较为薄弱，为了落实这一技能，学生要写出变形过程，并及时反馈评价；三是解决第（2）问时，学生往往忽略一元二次方程根与系数关系的前提条件是方程有根，教师可以让学生先尝试解决，教师再进行实时点评指导、总结归纳、引导反思，让学生形成解决问题的思路，帮助学生看清问题、掌握数学本质。

案例 2：

（2016 年梅州）关于 x 的一元二次方程 $x^2 + (2k + 1)x + k^2 + 1 = 0$ 有两个不相等的实数根 x_1，x_2。

（1）求实数 k 的取值范围；

（2）若方程两实根 x_1，x_2 满足 $x_1 + x_2 = -x_1 \cdot x_2$，求 k 的值。

三、分层训练，分类指导

分层设计、分类指导的理念应渗透到教学的各个环节，这样才能真正做到面向全体、因材施教。在学生自主练习的时候，教师要注意收集学生的解题情况，对于普遍存在的问题要在评价时及时反馈给学生；同时也要密切关注学困生的学习情况，将对学困生的辅导落实在课堂上；在展示答案并进行核对的时候，要注意督促学生及时纠错、落实。

案例3：

A组：

（1）（2016年绵阳）若关于 x 的方程 $x^2 - 2x + c = 0$ 有一根为 -1，则另一根为_____，$c =$ _____。

（2）（2016年泸州）若二次函数 $y = 2x^2 - 4x - 1$ 的图像与 x 轴交于 A $(x_1, 0)$、B $(x_2, 0)$ 两点，则 $\frac{1}{x_1} + \frac{1}{x_2}$ 的值为_____。

（3）（2013年泸州）设 x_1，x_2 是一元二次方程 $x^2 + 3x - 3 = 0$ 的两个实数根，则 $\frac{x_2}{x_1} + \frac{x_1}{x_2} =$ _____。

B组：

（1）（2016年眉山）设 m、n 是一元二次方程 $x^2 + 2x - 7 = 0$ 的两个根，则 $m^2 + 3m + n =$ _____。

（2）（2018年·泸州）已知 x_1，x_2 是一元二次方程 $x^2 - 2x - 1 = 0$ 的两个实数根，则 $\frac{1}{2x_1 + 1} + \frac{1}{2x_2 + 1}$ 的值是_____。

（3）（2014年泸州）已知 x_1，x_2 是关于 x 的一元二次方程 $x^2 - 2(m + 1)x + m^2 + 5 = 0$ 的两实数根。若 $(x_1 - 1)(x_2 - 1) = 28$，求 m 的值。

四、学后反思，总结提升

教师要引导学生养成学后反思的良好习惯，并对学生的复习方法进行指导。

案例4：

请学生从知识、思想和方法、易错易混问题等方面谈本节课的收获。

五、分层作业，巩固提高

精选作业、分层设计，将减轻学生课业负担的政策真正落实。如果学困生对作业有困难，可以选择课堂上的部分基础题目作为作业完成。

案例 5：

必做题：

（1）（2012 年泸州）设 x_1，x_2 是一元二次方程 $x^2 - 3x - 1 = 0$ 的两个实数根，则 $x_1{}^2 + x_2{}^2 + 4x_1x_2 =$ _____。

（2）（2011 年泸州）已知若关于 x 的方程 $x^2 + 2(2k + 1)x + k^2 - 2 = 0$ 的两实数根的平方和等于 11，求 k 的值。

选做题：

（2017 年泸州）已知 m，n 是关于 x 的一元二次方程 $x^2 - 2tx + t^2 - 2t + 4 = 0$ 的两实数根，求 $(m + 2)(n + 2)$ 的最小值。

【评析】本课例聚焦"一元二次方程的根与系数关系"这一专题，由浅入深、从易到难，循序渐进的教学方式符合学生的认知规律。课堂选题做到精细，用题做到有效，大容量的课堂不是体现在题量上，而是体现在让精选的题目在课堂发挥的作用上，从而产生举一反三的效果。在选题上，教师多数选用了泸州中考题，课堂实践证明学生对泸州中考题感兴趣，跃跃欲试，渴望证明自己。教师对学生心理的研究有利于营造课堂教学的积极氛围，同时将分层教学、分类指导的理念渗透到了教学的各个环节，还特别为学生设计了分层练习和作业，力图满足不同层次学生的需求。由于本节课的知识综合性和灵活性较强，部分学困生在课堂上畏难情绪重，学习积极性不高。如何解决这一问题，值得我们思考。我们建议教师可以开展复式教学，变换学困生的部分复习内容，让他们在基础性较强的部分学扎实。

夯实基础，精讲点拨，
提高中考复习质量

——中考复习课"相交线与平行线"的教学设计

钟益林　王晓兰

本节课是中考第一轮基础复习课。整节课充分发挥了学生的主体作用，设计了"真题引入，体验中考""明确目标，梳理知识""典例剖析，方法提炼""链接中考，查漏补缺""小结反思，巩固提升"的教学流程，引导学生自主复习、合作探究。教师在"真题引入，体验中考"环节引导学生初步体验中考真题，激发学生复习兴趣；在"明确目标，梳理知识"环节引导学生明确复习目标，绘制思维导图，梳理主干知识，全面系统思考复习内容；在"典例剖析，方法提炼"环节引导学生分析典型例题，夯实基础知识，掌握基本技能。在复习过程中突出数学思维，渗透数形结合思想、转化思想，发展逻辑推理素养，在"链接中考，查漏补缺"环节精选中考题，分层练习，分类指导；在"小结反思，巩固提升"环节引导学生总结复习的知识、思想和方法，通过当堂复习检测及时反馈复习效果巩固提升复习效果。以下是本节课教学设计和内容的详细展示：

一、真题引入，体验中考

结合本节课的复习目标，选用泸州中考真题引入新课，让学生体验中考，激发学生复习兴趣、增强其复习信心。

案例1：中考真题

（1）（2015 泸州）如图1，AB∥CD，BC 平分∠ABD，若∠C＝40°，则∠D 的度数为（　　　）。

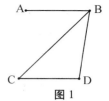

图1

A. 90°　　　　　　　　B. 100°

C. 110°　　　　　　　　D. 120°

（2）（2018 泸州）如图2，直线 a∥b，直线 c 分别交 a、b 于点 A、C，∠BAC 的平分线交直线 b 于点 D，若∠1＝50°，则∠2 的度数是（　　　）。

A. 50°　　　　　　　　B. 70°

C. 80°　　　　　　　　D. 110°

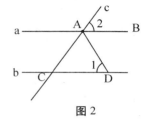

图2

学生独立完成后，小组评议。

教师巡查后，简要点拨，引入新课，投影并板书课题。

二、明确目标，梳理知识

（1）明确目标。根据泸州市中考考试说明的要求和本部分内容的重点，结合学生现有的基础，教师要展示并投影出本节课的学习目标。

案例2：复习目标

①复习直线、线段和射线、角、相交线和平行线的有关概念，熟练进行角的运算，掌握平行线的判定和性质并能熟练应用。

②学会文字语言、图形语言、符号语言的互化，渗透数形结合思想、转化思想，发展逻辑推理素养。

③学生在自主复习、合作探究中增强复习信心，体验复习的快乐。

（2）为了让学生的知识系统化，先让学生自主归纳出本部分知识的思维导图，并在小组内交流展示，教师展示 1~2 名学生的思维导图后再投影教师设计的思维导图。

（3）教师可用画图说明、数形结合或让学生回忆的数学方法来完成本节课的知识梳理工作，采用小组比赛的方式让学生积极地动手动脑，利用教师课前准备好的学案帮助学生巩固所学知识。回顾知识，可以起到查漏补缺的作用；让学生自己动手动脑，可以起到强化认知的作用。

案例3：小组合作完成知识梳理

请画图说明，并用符号语言表示：

①线段的中点　　　　②角、角的平分线

③对顶角与邻补角　　④垂直

⑤余角与补角　　⑥三线八角

⑦平行公理及推论　　⑧平行线的性质与判定

三、典例剖析，方法提炼

教师结合复习目标和本部分重点，选择有针对性的题目进行剖析。目的在于让学生充分展现出数学思维，让知识和数学方法交手，达到熟能生巧的效果。采用讲练结合的教学方法，教师给出题目，学生先做，再进行小组交流，最后教师给予点拨。

案例4：典例题目

（1）如图3，直线 AB，CD 相交于点 O，OE ⊥ AB，垂足为 O，若 ∠EOD = 42°，则 ∠AOC = _____。

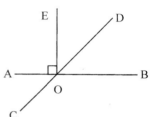

方法点拨：读题标图，明确已知和未知，仔细运算。

（2）如图4，填空：

①∵ ∠A = _____，（已知）

∴ AC∥ED （_____）

②∵ AB∥_____，（已知）

∴ ∠2 = ∠4，（_____）

③∵ _____∥_____，（已知）

∴ ∠B = ∠3 （_____）

方法点拨：正确区分平行线的性质与判定。

性质：由平行得到角的关系。

判定：由角的关系得到平行。

（3）如图5，把一副三角板按如图所示的方式摆放，则两条斜边所成的钝角 x 为_____。

方法点拨：观察图形、找准联系、实施转化。

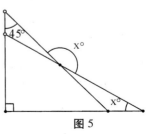

图5

四、链接中考，查漏补缺

为让学生适应中考，加深对本部分知识的记忆与理解，将知识转化为技能，我们选取了近年泸州和周边城市的中考题供学生练习，要求学生独立完成。在大部分学生完成习题后，由教师公布标准答案，并进行点拨。

案例 5：链接中考题目

1. （2018 泸州）如图 6，直线 $a//b$，直线 c 分别交 a、b 于点 A、C，∠BAC 的平分线交直线 b 于点 D，若∠1＝50°，则∠2 的度数是（　　　　）。

A. 50°　　　　　B. 70°　　　　　C. 80°　　　　　D. 110°

方法点拨：综合运用角平分线、平行线的性质，实施有效转化。

2. （2018 自贡）如图 7，在平面内，将一个直角三角板按如图所示摆放在一组平行线上，若∠1＝55°，则∠2 的度数是（　　　　）。

A. 50°　　　　　B. 45°　　　　　C. 40°　　　　　D. 35°

方法点拨：注意平行线中的拐点问题，善于将分散的条件集中。

3. （2018 衡阳）如图 8，将一副三角板如图放置，使点 A 落在 DE 上，若 BC∥DE，则∠AFC 的度数为 _____。

方法点拨：认真观察，学会将综合图形进行分解。

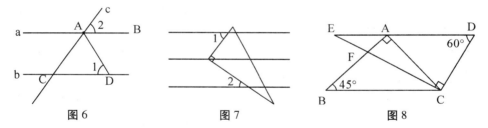

图 6　　　　　　　　图 7　　　　　　　　图 8

五、小结反思，巩固提升

指导学生查补学习漏洞，归纳学习方法与经验，改进学习方法，养成复习反思的良好习惯。

1. 小结反思

学生小结本堂课的收获，包括数学思想和数学方法.

2. 巩固提升

选择适量的题目，学生结合自己的实际选择性完成习题，以达到巩固提升的目的，并及时向教师反馈复习效果。

案例 6：巩固提升题目

（1）如图，AB∥CD，EF 分别交 AB、CD 于 M、N，∠EMB＝50°，MG 平分∠BMF，MG 交 CD 于 G，求∠1 的度数。

（2）（2018 重庆）如图，AB∥CD，△EFG 的顶点 F、G 分别落在直线 AB、CD 上，GE 交 AB 于点 H，GE 平分∠FGD．若∠EFG＝90°，∠E＝35°，求∠EFB 的度数。

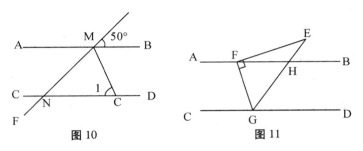

图 10　　　　　　　　　　图 11

【评析】本课例是国培送教下乡的一节示范课，较好地体现了初中数学中考第一轮基础复习模式，实际教学效果较好，起到了示范引领作用。本课例围绕复习目标，通过学生自主复习、师生互动探究、生生互动交流等多种复习方式有效地调动了学生的复习积极性，体现了学生的主体地位，学生的参与度较高。教师精选泸州和周边城市近几年的典型中考题，教师的主导作用明显，精讲点拨，引领思维，在阅读题目、观察图形、分析思路、总结方法等方面立足课堂，夯实基础，渗透思想、发展素养。值得改进的是应在基础复习部分呈现 1 个让学生书写解题过程的解答题，并辅之以相应的评分标准，这样可以有效地训练学生书写表达的能力。在复习检测部分要重视对"学困生"的关注，为"学困生"设计较为基础的题目，让"学困生"找到复习的自信。

学科核心素养下的初中英语
"三四五"课堂教学模式

李青梅　刘沄汐　曾雪梅　杨静　孙艳

2017 年，初中英语新课程标准的指导方针"发展学生的核心素养，使学生具备终生学习所需要的品格和能力"。新课标同时还要求，我们英语教师要培养的是具有中国情怀、国际视野，以及跨文化交流能力的社会主义接班人。根据中学英语新课标的要求，结合国培计划（2017）江阳区初中英语送教下乡实践活动的探索研究，江阳区初中英语学科组全体教师一起研磨构建了适合江阳区初中英语教学实际的，以发展学生学科核心素养的初中英语"三四五"课堂教学模式。

一、初中英语"三四五"课堂教学模式的特点

"三"是指"三主"：以学生为主体，以话题为主导，以文化品格为主轴。具体而言，全课堂要以学生活动为主、以话题主导课堂、以文化品格为主轴贯穿课堂，提升阅读理解语篇学习的高度与深度。

"四"是指"四个环节"：复习预备环节、获取新知环节、拓展延伸环节、巩固迁移环节。

"五"是指"五个步骤"：问候引入，包含学生的（duty show）活动；每种课型的 Pre-"前"活动；每种课型的 While-"中"活动；每种课型的 Post-"后"活动；总结评价。

五个步骤中，第一个步骤问候引入属于第一个环节，即复习预备环节。第二、三个步骤（Pre-"前"活动，While-"中"活动）属于第二个环节，即获取新知环节。第四个步骤（Post-"后"活动）属于第三个环节，即拓

展延伸环节。第五个步骤，总结评价是第四个环节，即巩固迁移环节。

我们将中学英语课分为五种课型：听说课、阅读课、写作课、词汇语法课、复习课。教师们要将初中英语"三四五"教学模式有机地运用到每一种课型中。

二、初中英语"三四五"课堂教学模式结构

图1为初中英语"三四五"课堂教学模式结构。

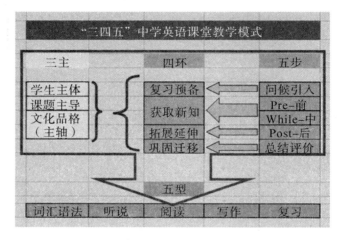

图1　初中英语"三四五"课堂教学模式结构

初中英语"三四五"课堂教学模式的建构目的在于充分发挥学生的主题作用，在各种课型中，通过话题为主导，文化品格为主轴，积极引导学生自主参与到四个环节五个步骤的各个活动中。例如在复习预备环节的问候引入步骤中，我们可以固定的加入 Duty Show 学生综合英语素养展示活动。该活动由当堂课的值日学生自主安排。要求：①内容必须以英语素材为核心；②时间控制在 3 分钟以内；③互动时间控制在 2 分钟以内。该活动充分激发学生自主探究课外生活英语语用学习资源的欲望，让学生持续保持对英语学习的积极性，有效增强学生英语学习的自主性，让英语课堂的充满趣味性和发展性。

国培送教研磨课注重培养和训练学生的语言能力、学习能力，并着力培养学生的文化意识和思维品质。通过国培送教研磨课实践，我们可以发现该教学模式对培养和提升中学生英语学科的核心素养起到了积极的作用。

三、初中英语"三四五"课堂教学建模课例

下面以一节听说课作为课例进行分析：

本堂课的教学内容是人教版八年级上册第二单元第一课时。结合教学内容，本堂课教学设计的"三主"体现在以下几方面：

（一）学生主体

1. 语言能力方面

（1）通过借助音标分析及图片配，学生能识记和巩固所学词汇与常用表达。

（2）通过句型呈现口语小组操练，学生能将频率副词和次数表达正确使用在询问课余活动的句型。

2. 学习能力方面

（1）通过听力抓关键词 read，watch TV，help with，go shopping 等描述性的动词及短语的策略渗透，学生能够比较准确地获取听力材料的关键信息。

（2）通过对本对话的话轮学习，学生能分角色表演对话，并能仿照结构创设语境替换部分信息编新对话。

（二）话题主导

How often do you exercise? 询问多久进行一次锻炼为话题主导整堂课的活动。

（三）文化品格为主轴

本堂课的教学设计，通过询问多久进行一次锻炼为话题展开的一系列以学生为主体的任务活动，学生可以了解他人周末的业余活动，了解国外中学生常见的业余活动，并在老师的引导下制订比较合理的业余生活计划。

【建模课例】

Unit2 How often do you exercise?

Section A（1a-2d）Listening and Speaking

（人教版八年级英语上册 孙艳 江北学校）

环节一 复习预备

【步骤1——问候引入】

Step 1 Greeting and Leading in— 问候引入

T：Leads Ss to talk about some words about weekends by this question "What can we do on weekends?"

S：Ss think about the words in mind and try to say something about what they do on weekends.

复习预备环节中，老师通过"What can we do on weekends?"话题的引出，帮助学生复习巩固之前学习的语言知识关于周末的词汇等；同时为今天要学习的新的话题做铺垫。以学生熟悉的话题"周末活动"为引线，展开头脑风暴活动，激活学生的思维图式，建立与本课时话题相关的背景知识。复习检测学生是否能说出与周末活动相关的词汇和短语。

环节二　获取新知

【步骤2——（Pre-）"前"活动】

Step 2 Pre-listening — 听前活动

1. T：T lets Ss see the topic picture and make a list of the weekend activities.

S：Ss first say the activities and finish 1a.

For example：1. help with housework/ 2. watch TV/ 3. exercise/ 4. read a book/5. go shopping

2. T：T asks Ss to pay attention to the frequency words in 1b.

always（100%）/usually/often/sometimes/hardly/never（0%）

S：Ss make sentences by using these frequency words.

For example：I always go to bed at 10 o'clock. /I sometimes read books in the evening. / I never go shopping with my father.

该步骤是获取新知环节中的"听前"活动，学生活动的设计是在进行听力训练前的活动任务，为1b的听力作铺垫准备，这样先说后写的过程可以给英语学习情况较差的学生提供示范，并为其创造更多模仿他人的机会。熟悉和巩固频率副词为学生后续听力扫清了词汇障碍。从学生的主体性以及文化品格的渗透来讲，该活动可以检查出学生是否能轻松地写出日常他们周末做的活动；新的语言能力方面检测学生是否能将频率副词，结合自己的生活实际，正确的运用到句型中。

【步骤3——（While-）"中"活动】

Step 3 While-listening — 听中活动

1. T：lets Ss do the listening practice 1b.

S：Ss do the listening part 1b.

always（100%）	_____	usually	_____
often	_____	sometimes	_____
hardly ever	_____	never（0%）	_____

1b Answers：exercise，read/watch TV/help with housework/go shopping/ watch TV/ go shopping.

提示学生关注频率副词和1b中的活动名称。部分学生应该能利用此策略轻松地在对应的频率副词后面写出相应的名词。

2. T：help Ss understand the meaning of the frequency words by the chart. Like this：always >usually > often> sometimes >hardly ever > never.

利用图表直观形象的帮助学生理解掌握它们的语义功能。考查学生能否正确判断并说出这些频率副词之间的大小关系。

3. T：lets Ss work in pairs to practice the conversation like this：

Ss：make their own conversation, and then act it.

A：What do you do on weekends?

B：I usually watch TV.

A：Do you go shopping?

B：No，I never go shopping.

让学生进行简单的语言输出，为后面2a，2b的听力做铺垫。此处课堂上教师可让学生使用优教同步学习卡进行抢答，检测大部分学生是否能利用话题句型谈论自己的周末，并进行两人的对话展示。

4. T：Leads Ss to see the picture in 2a and ask some questions like this：

（1）What's the boy's name?

（2）What's the person's job?

（3） what question is the reporter asking Cheng Tao?

（4）What's Cheng Tao's answer?

Ss：try to answer these questions through the picture.

教会学生在听力中能够利用一些非听力因素来辅助理解的听力策略，提高听力效率。比如这里教师就利用对主题人物身份的判断，进而预测他们的语言行为及语言内容。学生是否能根据观察图片，对老师就本图片预测提出的问题积极的回答并表现出强烈的求知欲望。

5. T：T lets Ss finish 2a and 2b. Then T asks questions in order to get more feedback and check if Ss have some problems about some words or phrases. For

example：

T：How often does Cheng Tao watch TV？

Ss：He watches TV twice a week.

Ss：do the listening practice 2a and 2b and answer the questions.

2a	Activities	How often
a. ___3___	go to the movies	every day
b. ___1___	watch TV	once a week
c. ___5___	shop	twice a week
d. ___4___	exercise	three times a week
e. ___2___	read	once a month
		twice a month

进一步巩固听力内容，教师的提问能更多地得到学生反馈，从而了解学生存在的语言障碍。

该步骤是获取新知环节中的"听中"活动，教师通过 5 个听的任务活动，为学生搭建了由易到难的梯度听力活动，学生是否能准确完成两个听力任务，是否能关注听力细节并对老师就听力内容的提问作正确的回答是本环节教师关注的重点。

环节三　拓展延伸

【步骤 4——（Post-）"后"活动】

Step 4 Post-listening —— 听后活动

1. T：make Ss do a survey by asking questions in groups.

How often do you…？　　　　What's your favorite program？

How often do you watch it？

S：Ss write down the results and then report it in class.

本环节是学生能力的拓展环节，这个听后活动设计要进一步体现语言的活用，利用追问信息在真实的语境中展开交流和深入的讨论，逐步体现语言的输出，部分学生是否能展开问答讨论，并在全班示范表演对话或做汇报。

2. T：asks Ss to see the picture and ask "What can you see from the picture？"

Then T introduces something about the swing dance by the picture or videos.

Ss：Ss just have a free talk or say something about the picture.

该活动致力于让学生通过观察图片来预测文本信息，通过图片或视频激活与本话题相关的背景知识，激发学生求知欲望。教师需要关注的是学生是否对此话题感兴趣。

3. T：asks Ss to read the conversation quickly in order to match the activity with the right time.

Ss：Ss read 2d quickly and match. Like this：

Read the conversation and match the activity with the right time.

dance lesson	Wednesday and Friday
piano lesson	Tuesday
play tennis	Monday

该活动中70%的学生能否在3分钟内进行正确的活动与时间的配对是检验该课教学目标能否达成的关键。此外，该活动要培养学生快速阅读并了解对话的主要内容事件和时间的匹配。

4. T：T asks Ss to read it again and answer the four questions.

Ss：Ss just read it again and answer the four questions.

（1）Is Claire free next week? Why?

（2）How often does Claire have dance lessons? How about Piano lessons?

（3）What kind of dance is Claire learning?

（4）What does Claire invite Jack to do?

Answers：① No，She isn't. Because she has many kinds of lessons. ② She has dance lesson once a week，every Monday. And She has piano lesson twice a week. ③ Swing dance. ④ She invites Jack to play tennis with her friends.

通过问题任务的设置，学生可以理解对话大意和结构。检测是否有60%的学生能获取对话有效信息回答问题。

5. T：Asks Ss to read it together then leads Ss to learn the language structure in it.

Ss：Ss first read it and try to explain the three sentence patterns by their own words. T：Are you free next week? Next week is quite full for me. How come?

通过齐读对话，初步体现语言的输出让学生达到基本熟练、流畅和通过对对话固定结构语言的分析，学生可以了解英语口语中的习语。任务活动的目的是检查学生能否理解语言在具体情境中的语义表达。

6. T：Asks Ss to work in pairs to act the conversation or make their own conversation by changing some information or adding something of their own.

Ss：Some students work in pairs to act the conversation. （Some students try to make their own conversation by using some sentence pattern from 2d.）

步骤4在拓展延伸环节中通过分层任务要求学生对话进行表演或改编再创，充分体现了让学生所学的知识运用到新的情景中去。学生的对话展示语言是否准确和流畅，是否有学生进行改编对话，改编后的对话内容真实和结构是否完整，这些都是教师教学关注的重点。

环节四　巩固迁移

【步骤5——总结评价】
Step5 Conclusion and Exercises — 总结练习
T：Lets some of the students show their own conversation in class.
Ss：Ss try to share their own conversation in class.
鼓励学生大胆自信地展示，体现对学生情感态度价值观的培养。

1. Summary
Activities：exercise, read, help with housework, go shopping
Frequency：always，（100%）／ usually／ often／ sometimes／ hardly／never（0%）

Structure：

A：What do you do on weekends?　　　B：I usually watch TV.

A：Do you go shopping?　　　　　　 B：No, I never go shopping.

Summary 体现知识从零碎到整合，给学生在大脑慢慢构建从语言知识到语言运用的思维导图结构，培养学生善于归纳和总结的逻辑思维能力。70%的学生能在老师的引导下进行总结，并归纳出本堂课的语言知识，包括所学词汇、短语及句型。

2. Ss do some exercises in class.

（一）单项选择

1. −What's your favorite _____?　　−It's CCTV−5.

A. program　　　B. sport　　　　C. food　　　　D. animal

2. − _____ do you go shopping with your mother?　　−Sometimes.

A. How much　　B. How many　　C. How often　　D. How old

3. Jack likes English very much, so he _____ read English books in the morning.

A. hardly ever　　　B. often　　　　C. never　　　　D. don't

4. −How often _____ she exercise?　　− Twice a week.

A. do　　　　　　B. did　　　　　C. doing　　　　D. does

5. She often eats _____ food. So she is very _____.

A. healthy；healthy　　　　　　B. health；health

C. healthy；unhealthy　　　　　D. health；unhealthy

Answers：1−5 ACBDA

体现基础知识的当堂检测与及时反馈，并让学生再次巩固和运用本堂课的基础知识。90%学生应该能比较轻松容易的完成。

（二）根据汉语完成句子

1. Mr. Black swims _____（每周两次）.

2. I often go shopping _____（在周末）.

3. The old woman _____（锻炼）every morning.

4. We usually _____（去看电影）on Sundays.

5. Are you _____（有空）next week?

6. My sister _____（几乎不曾）plays computer games.

Answers：1. twice a week/ 2. on weekends/3. exercises/4. go to the movies/5. free/6. hardly ever

（三）完成家庭作业

（1）try to ask their family members about how often they do things in daily life and then report it next class.

（2）Finish some exercises after class.

家庭作业的布置重点要体现语言生活化、情景化，还要培养学生的语言迁移运用能力。检测学生是否能在下一节课就采访家人的信息进行汇报。

【评析】本堂课，在教师的教学活动设计中学生的活动落实到教学各环节各步骤，充分体现了"学生主体"。以询问多久进行一次锻炼为话题，主导训练学生学会对动作发生的频率提问，"话题主导"得到充分体现。在4个环节的五个教学步骤中，"文化品格为主轴"贯穿课堂教学活动始终，在教会学生学会询问动作发生频率的同时，从文化品格方面，教会学生在现实生活中如何去关心他人。本堂课，"三主"突出，"四个环节"框架清晰，"五个步骤"对学生从基础语言能力的培养到学习能力的提升训练到位。

初中英语"三四五"课堂教学模式阅读课型案例赏析

李青梅　袁先琴

本堂课的教学内容是人教版七年级上册第七单元第三课时。初中英语"三四五"课堂教学模式主要是指"三主""四环""五步"。

结合教学内容，本堂课教学设计的"三主"体现在以下三个方面：

一、学生主体

1. 语言能力方面

（1）跟读文章，有利于进一步提高学生朗读水平。

（2）通过复述文章，学生可以提高自身的口头作文的能力和口头表达能力。

2. 学生学习能力方面

通过阅读文章，学生们能归纳出文章结构，进一步掌握阅读技巧。

二、话题主导

Pandas 本篇阅读主要内容是谈论熊猫。

三、文化品格为主轴

本堂课致力于通过语篇学习来帮助学生了解熊猫生活生长情况，引导学生学会保护动物、热爱自然、热爱生活。

"四环"和"五步"融入如下的教学设计中：

【建模课例】

Unit 7 What's the highest mountain in the world?

Section B 2a-3a reading：Pandas

（人教版八年级英语下 梓橦路学校 袁先琴）

环节一 复习预备

【步骤 1——问候引入】

Step 1 Greeting and Leading in——问候引入

S1：Good morning, everyone. Let me tell you about pandas.

S2：Pandas are from China, they are cute, black and white.

S3：However, they are endangered. There are only 2000 pandas in the world.

S4：So we should do something to help pandas. What can we do? We can use less paper. We can plant more trees. So, let's protect pandas together.

复习预备环节中，让 4 个学生进行课前表演，一方面可以激发学生兴趣，另一方面，可以让同学们预习 2a 环节。Duty Show 学生综合英语素养展示活动体现充分，在前一节听说中，学生们已经谈论了熊猫的话题。这堂课中五个学生的值日表演谈论的也是熊猫，并且说到在世界上只剩 2000 只熊猫了，这为接下来的学生学习做了很好的铺垫，起到了承上启下的作用。

环节二 获取新知

【步骤 2——（Pre-）"前"活动】

Step 2 Pre-reading——读前活动

1. T：please tell me more words about pandas.

预习检测

利用2a中的单词介绍熊猫，让大家了解熊猫

big zoo popular cute famous black and white beautiful forest	endangered adj 濒危的 bamboo n.竹子 protect v.保护

获取新知环节的"读前"活动中，教师设计的学生活动是在进行阅读理解能力训练前的活动任务，学生们利用 2a 中的短语，描述熊猫，号召学

生积极参与保护熊猫的活动，完成教学任务 2a 的同时也为后面课堂教学做好铺垫。

【步骤 3——（While-）"中"活动】

Step 3 While-Reading——读中活动

I. Scanning（2mins）

T：Please find out these numbers 10，12，300，2000.

Check answers：

Pandas spend more than 12 hours a day eating about 10 kilos of bamboo.

Another 300 or so live in the zoo or research centers.

There are fewer than 2000 pandas living in the forests.

获取新知环节的"读中"活动是指通过指导学生在文章中找到"10/12/300/2000"这几个数字及其含义，以训练学生掌握快速阅读技巧，也为后面的细读文章做了铺垫。通过活动，教师可以检查学生们在阅读中能否运用技巧，快速找到所需信息。

II. Careful reading（13mins）

Task1. Read paragraph1-2, and finish them.

1. What do the baby pandas have for breakfast?

2. Lin Wei loves pandas.（T or F）

3. Are pandas a symbol of China.

T：Summary.

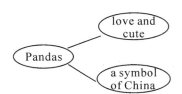

分段阅读，通过思维导图帮助学生建构阅读框架，第一段和第二段描述了熊猫的可爱，阐释了熊猫作为中国的国宝这一事实。

Task2. Read paragraph3, and finish them.

1. Adult pandas spend more than 12 hours a day eating about 10 kilos of bamboo means：

A. They are lazy.

B. They sleep less.

C. They eat a lot of bamboo.

2. Why are pandas endangered?

① They do not have many _____.

② Babies often die from _____ and do not live _____.

③ Humans cut down bamboo. Forests get _____. Human _____ cause many problems. Pandas cannot find enough _____ and they are having fewer babies.

3. a summary.

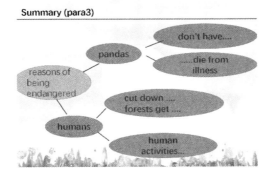

分段阅读，通过学习思维导图，学生可以建构阅读框架，学生从而了解熊猫珍贵的原因。

Task3. Read paragraph4, finish the tasks.

1. What does the education program in Chengdu do?

2. The government is.

3. Why are scientists doing research?

A summary

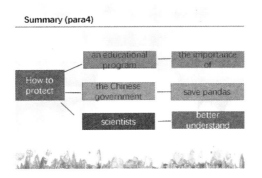

　　分段阅读，在学生主体方面，思维导图可以帮助学生学会概括总结。在话题主体方面，可以从熊猫的保护谈到其他珍稀动物的保护；在文化品格方面，学生可以建构起保护动物的意识，以及领悟参加动物保护公益活动的价值和意义。

环节三　拓展延伸

【步骤4——（Post-）"后"活动】

Step 4 Post-listening——读后活动

Task1. Let's summarize again

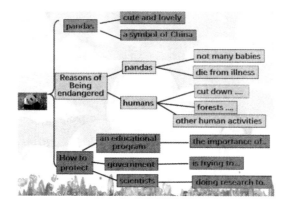

　　通过学习思维导图，学生可以建构阅读思维框架，对作者写作意图和语篇结构都能有很好的了解，实现了深层阅读的价值和意义。

Task 2：fill in the blanks.

Pandas：They are black and _____.

Drink _____.

They are _____ China.

Reasons：

① they do not have many babies.

②babies often die from illness and do not live long.

③People cut down bamboo. Forests get smaller pandas cannot find enough to eat and they are having fewer babies.

How to protect：

1. Each _____. Tell them about the _____ of saving pandas.

2. The Chinese government is helping to ＿＿＿＿ the pandas and want better ＿＿＿＿ the habits of.

设置不同题型，有利于培养学生的阅读技巧；分批处理教学任务 2b 分段教学，有利于减轻学生的阅读难度；细读文章，有利于学生了解文章具体内容、熟悉文章结构。

Task 3：These are the topic sentences.

SA：Let me tell you something about pandas...

SB：However, they are endangered...

first... second... third...

SC：What can we do?...

SD：eg. Let's join us and protect pandas.

利用文中信息，结合 Task 5 思维导图，小组合作完成一次演讲。A 同学复述熊猫相关信息，B 同学复述濒危原因，C 同学复述如何保护熊猫，D 同学对保护熊猫进行呼吁。

拓展延伸环节，设计步骤 4 的几个小任务，充分体现"三主"，即学生主体参与活动，讨论主导话题"pandas"，以文化品格为主轴，通过读后的演讲复述，呼吁学生们保护熊猫。

环节四　巩固迁移

【步骤 5——总结评价】

Step5 Conclusion and Exercises（7mins）

I. Conclusion and Exercises——总结练习

Task 1：

T：What's the writer's purpose（目的）of this article? 作者写这篇文章的目的是什么？

A. Talking about the lovely pandas.

B. Talking about an animal keeper.

C. Asking us to protect pandas.

Task 2：Watch a viedo.

T：What other ways（方法）can help to save the pandas or animals?

Answers：Use less paper. Make srict law. Plant more bamboo...

利用文中信息，结合 Task 2，小组合作完成一次演讲。A 同学复述熊猫相关信息，B 同学复述濒危原因，C 同学复述如何保护熊猫，D 同学对保护熊猫进行呼吁。

巩固迁移环节，设计步骤 5 的两个任务，播放保护动物的视频，充分体现"三主"，即学生主体参与活动，主导话题从讨论"pandas"，延伸到其他濒危动物的保护，以文化品为主轴，呼吁学生们保护动物，了解与保护动物有关的知识。这个环节既巩固了本课堂的所学知识和内容，训练了学生语言运用的迁移能力，也让学生们的情感意志得到极大的升华。

II. Homework

1. Please find out these phrases and get the Chinese meaning, we'll make sentences with them next class：walk into fall over take care of die from the habit of or so cause problem.

2. Find out more information about endangered animals.

布置合理的家庭作业，引导学生自学能力，如上网查阅相关资料。教师要关注学生是否能积极完成家庭作业，学完文章后是否能积极思考、积极收集相关资料。

【评析】本堂课，教学活动落实到了教学的各环节、各步骤，充分体现了"学生主体"的思想。以询问"多久进行一次锻炼"为话题，主导训练学生学会对动作发生的频率提问，使"话题主导"得到充分体现。在 4 个环节的五个教学步骤中，"文化品格为主轴"贯穿于课堂教学活动始终，在教会学生询问动作发生频率的同时，从文化品格方面，教会学生在现实生活中去关心他人。本堂课，"三主"突出，四个环节框架清晰，五个步骤落实到位，培养了学生的基础语言能力，也提升训练了学生的学习能力。

目标导引，任务驱动，促进学生自主学习

——以生为本的初中物理"导学式"课堂教学模式

罗洪彬

"以生为本"的初中物理"导学式"课堂，其核心理念是"以目标和问题引导学生自主学习，以任务为载体驱动学生合作探究，以练习促进学生理解和运用知识"；其主要环节包括"激趣引入，复习衔接""明确目标，问题导学""任务驱动，合作探究""展示交流，点拨深化""及时练习，当堂检测""小结整理，补漏拓展"。

现以教科版初中物理九年级第三章第二节《电路》的教学为例，对初中物理"导学式"课堂结构的教学环节进行说明。

一、激趣引入，复习衔接

1. 复习衔接

结合本节课的学习内容和学生的学习情况，课堂以引导学生复习回顾、回答问题、完成练习等为载体，对影响新知学习的关键旧知进行复习。课堂要根据学习内容和学情来选择是否需要复习衔接，也可将其放到激趣引入之后。

（1）投影基础复习的练习题，让学生快速地将答案写在练习本上。

案例1：复习衔接习题。

①物理学规定，_____ 规定为电流的方向。

②电源外部，电流从_____流出，经过用电器，从_____流入。

（2）教师投影出显示电流动态流动的基本电路和练习题答案，让学生对照检查，双向反馈并给予订正。

2. 激趣引入

围绕学习目标与内容，教师要选择学生熟悉的、感兴趣的且有用的或能激发认知冲突的、符合学生认知水平的图片、视频、案例、实验等来营造情景，引入新课。

情景要实现生活问题与学科问题的统一、原始问题与课本问题的统一、学科性和生活性的统一，其呈现方式力求生动、有趣、简洁、新颖。

案例2：激趣引入的内容。

①投影几张美丽的泸州夜景图片和酒城乐园摩天轮动态视频，提出问题：电灯发光、摩天轮转动是依靠什么能量？待学生回答后，教师要引导学生分析，电灯、摩天轮都是用电来工作的，需要消耗电能，转化为光能、内能和机械能等我们需要的能量。

②提问并在同一张PPT上分步投影对应图片：

什么设备用电来工作？——电灯、摩天轮图片

电能来自哪里？——水电站、发电机、电池图片

发电机的电能怎么才能传送给电灯、摩天轮？——输电线图片

有时需要有时不需要用电，怎么控制？——开关图片

③投影"短路引发火灾"的短视频、图片和新闻报道。

④简要综述，引入新课，投影并板书课题。

二、明确目标，问题导学

1. 明确目标

教师在课前根据课标要求，结合学生的学习基础、已有经验、思维与学习习惯等，以学生为第一人称（可省略），整理出针对本班学生实际的学习目标。

导入新课后，通过投影、小黑板、学案等方式将学习目标呈现给学生，让他们初步感知，教师适当解读或强调，也可抽选一两名学生说说自己的理解。

案例3：学习目标。

①能连接基本电路，说出其组成元件及各自的作用。

②能识别电路的通路、开路、短路三种状态，归纳出短路的危害。

③能识会画常见电路元件符号及简单的电路图。

④经历连接电路的动手过程，学会连接简单电路。

2. 提出问题

根据学习目标和内容，结合学生的经验、基础和习惯，以及准备的教学资源，教师要将学习目标问题化，提炼出可以引导学生自主尝试学习的问题；对于基础较好的学生，提倡营造问题情境，引导和激励学生提出问题，再通过讨论，归纳梳理成指向明确、能够有效导向学习的问题。可以用"形成性练习"承载引导问题，并检测自学情况。

案例4：导学问题。

①什么是电路？其基本组成有哪些？各部分的作用是什么？

②电路有哪三种状态？其特点是什么？各举一例说明。

③短路有什么危害？如何判断是否短路？

④常见的电路元件符号是怎么画的？

⑤如何画电路图？尝试画出门铃电路图。

3. 引导自学

引导学生通过阅读教材、联想思考，尝试独立解决问题。在自学过程中，学生将不能解决的问题或无法理解的内容标注出来，尝试与同伴交流研讨；如果仍然有不能解决的问题或难以理解的内容，学生可通过恰当的方式向教师反馈。

教师通过巡视、访谈等方式主动了解学生学习中存在的主要问题，重点关注学生学习深度不够、理解有偏差、难以运用所学知识解决实际问题等方面的情况，同时根据情况对学生进行个别指导。

三、任务驱动，合作探究

将学习内容划分为相应的板块，再将各板块对应的学习目标分别划分出相应的学习或探究任务项，以完成任务为载体，引导学生自我驱动、合作探究。《电路》这节的学习内容分为"认识基本电路""电路的三种状态""电路图"三个板块，教师视情况通过提问、讲解、组织讨论等方式，让学生明确任务。在此基础上，指导学生在情境中，以解决问题为导向，合作探究，得出结果或结论。

在学生探究过程中，教师要巡回指导，注意发现问题，特别是共性问题，做好记录，调整教学设计方案。

案例5：合作探究任务。

①认识基本电路。

任务一：分组实验，用给出的器材（电池组、小灯泡、开关、导线）组成一个能让灯泡发光且能控制灯泡亮与熄的电路，并通过实验检验是否符合任务要求。

任务二：分组讨论，归纳出基本电路各元件的作用。

任务三：小组交流，说说你知道的生活中常见的电器、电源、开关和导线。

②电路的三种状态。

任务一：分组实验，用给出的器材分别组成通路、开路和短路（时间不能过长），讨论并归纳出各自的特点，用文字将其表述出来。

任务二：分组讨论，区分通路、开路在日常生活中的应用，认识短路的危害与初步的判断方法。

③电路图。

任务一：先独立完成再小组交流，画出电灯、电铃、电动机、电池组、开关（断开与闭合）、交叉相连与不相边的导线的电路图符号。

任务二：先独立完成再小组交流，画出符合要求的基本电路和电路图，归纳总结出画电路图的方法与基本要求。

四、展示交流，点拨深化

学生完成学习或探究任务后，组织学生展示交流。教师可根据情况，通过质疑、追问、演示、分析案例、讲授等方式，引导学生深入学习、拓展学习，以达成学习目标。

案例6：展示交流，点拨深化。

①认识基本电路。

学生按要求组成电路后，进行成果展示。在此基础上，教师与学生一起分析出各部分电路的作用，再介绍日常生活中的一些电器、电源、开关。

②电路的三种状态。

组织学生展示开路与通路，并演示短路，介绍两种短路情形及危害，讲解判断短路的方法，最后联系实际比较并归纳三种电路的特点。

③电路图。

在学生绘制电路图的过程中，以及学生展示绘制好的电路图时，教师要针对学生存在的问题进行追问，并强调画电路图的基本规范与技巧。

注意，每项探究任务完成后，学生要先及时练习，之后才能进入下一个任务环节，如此循环，直到完成所有任务。

五、及时练习，当堂检测

1. 及时练习

为加深学生对学习内容的理解，强化其知识记忆，将知识转化为技能，反馈学习目标达成情况。教师要对每项学习任务和探究任务，设置 1～2 道基础练习题，练习题一般设置在教材或学生使用的练习册上，也可以呈现在教师的口头提问、投影、小黑板或印制导学案上。

学生在完成某项学习任务或探究任务后，要立即进行独立、限时的及时练习。待多数学生完成任务后，教师公布答案，并根据巡视和学生反馈的信息，确定是按原教学设计方案正常推进教学进度，还是适当补救、拓展后再往前走。

案例 7：及时练习习题。

及时练习一：认识基本电路。

①图例是电动机只有一端连入的基本电路，观察图例闭合开关后，电动机会转动吗？怎样正确连接电路？

②（练习册第 2 题）下列说法正确的是（　　　）。

A. 用导线把开关、等用电器连接起来就组成了一个完整的电路

B. 干电池、蓄电池、发电机、电动机都是电源

C. 电源的作用是持续供电，使电路中有持续的电流

D. 用手电筒照明时，电流方向是干电池的负极经过灯泡流到正极

及时练习二：电路的三种状态。

①根据实物图判断电路状态的填空题。

②（练习册第 3 题）我用在连接电路时，特别要避免电路发生短路，这是因为在短路时（　　　）。

A. 电源中没有电流通过

B. 电源中有很大的电流通过，容易烧坏电源

C. 用电器中有很大的电流，容易烧坏用电器

D. 电源正常工作，但用电器不能正常工作

及时练习三：（教材习题）画出门铃的电路图。

2. 当堂检测

为进一步加深学生对所学内容的理解和掌握，教师要根据学习目标和任务，编制一一对应的当堂检测试题。当堂检测试题应尽量只针对本节课的学习目标，检测本节课的学习内容，难度适中。当堂检测试题的选择与编制与及时练习基本相同，尽量选用教材和学生使用的练习册上的习题，或略加改编；也可自编或另选，自编或另选的当堂检测题应尽可能地用纸质印制呈现，也可以口头提问、投影或小黑板呈现。

教师在组织学生完成当堂检测时，应营造出"检测"氛围，至少应满足"规定时间内、独立完成"的基本要求。

学生完成"当堂检测"或"当堂检测"的时间到点后，教师投影或用小黑板公布"当堂检测"试题的答案，指导学生自行批阅或同桌交叉批阅"当堂检测"试题，然后统计学生答题情况，结合巡视所得，判断学生达成学习目标的情况，据此确定下一步的教学方案。

需要注意的是，及时练习与当堂检测，都不适宜逐题抽问、讲解，而应是整体判断正误、双向反馈信息，然后视情况进行后续处理。对于绝大多数学生都解答正确的习题与试题，不宜再耗费时间去讲解；对于绝大多数学生都有错误或存在的共性问题，教师要追溯原因，弄清问题所在，利用下一节课或课外时间，组织补救性学习，然后再检测，直至绝大多数学生达标。

案例8：当堂检测试题。

①下列器件中，全部为用电器的是（　　　）。

A. 电铃、电池组、白炽灯　　　　B. 日光灯、电风扇、电视机

C. 洗衣机、收音机、开关　　　　D. 电线插座、电线、空调

②下列电路中不正确的是（多选）（　　　）。

③如图，断开开关 S_2、闭合开关 S_1，电路是____路；只闭合开关 S_2，电路是____路；断开开关 S_1、S_2，则电路是____路。（图略）

④根据实物图画电路图。（图略）

六、小结整理，补漏拓展

1. 小结整理

（1）投影学习目标，引导学生对照目标反思自己的达成情况。

（2）利用结构式板书或投影，引导学生画出思维导图（知识树）并展示交流、讨论修正，系统构建知识。

（3）指导学生整理反思，归纳学习方法与经验，校正不良习惯、改进学习方法。

2. 查补漏洞

（1）指导学生根据反馈的学习目标达成情况与行为表现，找出存在的学习的漏洞，分析原因。

（2）通过点拨、讲解等方式引导学生"补漏"，或给出"补漏"建议。

3. 反思提升

对教学过程进行"复盘"，反思教学设计与实施过程中的得与失，就本节教学内容的补救或拓展进行规划，提炼改进教学设计与实施的策略、方法。

【评析】让学生深度参与学习活动、经历学习过程，这是教学改革的目标和指向。为此，在教学活动中，教师要善于挖掘素材和资源，努力创设问题情境，引导和帮助学生正视在认知过程中产生的心理状态，引导学生主动提出问题，以任务为载体，通过多种形式的学习活动多角度、多层面地深入探究问题，通过及时练习、检测，内化、辨析、正确理解所学知识并运用于解决实际问题，双向反馈学情，系统建构知识与技能，促进物理观点的科学建立、物理思维的科学发展以及物理探究的真实感知，从而实现对科学态度和责任的深刻领悟。

以学生为中心的初中化学元
课堂教学模式

冯光英

初中化学的学科特点是：内容多、细、小，且相互关联紧密。教师如何在40分钟内完成教学任务、达成学习目标？江阳区初中化学组通过国培送教下乡实践活动，建构了以学生为中心的自导式活动元课堂教学模式。

活动元是指在教学中为完成某一学习任务中的一个或几个子任务而进行的相对独立的学习活动。这种活动是以学生为中心，以学习任务为背景来进行的独立的学习活动；是学习主体通过亲历活动，完成学习任务，达成学习目标的学习过程。

以学生为中心的元课堂教学模式包含四个环节，即"激趣导入，问题展示"环节，"细化目标，任务驱动"环节，"小步反馈，当堂检测"环节，"拓展延伸，设疑结课"环节。

下面以鲁教版初中化学第五单元第二节《化学反应的表示》为例，阐述初中化学元课堂教学模式。

一、激趣导入，问题展示

利用学生熟悉的事物、社会热点、事件等要素，从教学内容出发，根据既定的教学目标精心创设情境，提出与本课题有关的问题，制造悬念，让学生带着问题进入课堂，激发学生的学习兴趣。激趣导入的形式可以是实物、图片、实验、魔术、视频等。

案例1：

导入（1分钟）：问题展示，导入新课（带着问题进入课堂）

教师展示一杯水，板书"H_2O"，提出问题：水这种物质用化学式表示，而氢气燃烧生成水这个化学反应用什么化学用语来表示呢？

案例中，以学生熟悉的水，与氢气燃烧生成水这个化学反应相联系，从分析宏观现象到阐述微观解释，再到运用符号表示，将三重表征思想结合，从而提出了核心问题——化学反应用什么化学用语表示？由此激发了学生的好奇心和学习兴趣，让学生带着问题走进课堂，以饱满的热情迎接新的教学内容。

二、细化目标，任务驱动

将一节课的学习目标细化为几条小目标，然后设置与之对应的活动单元，布置活动任务、确定活动形式，同时设置相应的活动时间。每个活动单元围绕该目标以任务为载体，驱动学生在学案的引导下，以若干活动，如阅读、思考、讨论交流、归纳、自评或互评等，完成学习任务。教师在学生自主学习过程中，主要是观察、指导，及时了解学情、调整教学方案，然后讲解学生不懂的内容，最后达成该目标。

《化学反应的表示》的主干知识是化学方程式的定义、意义与书写原则和步骤，细化学习目标为三条，对应设置了三个活动单元，分别用认识、了解、掌握界定任务标准和行为，即认识化学方程式、了解化学方程式的意义、掌握书写化学方程式的书写原则与步骤。

案例2：

活动元一：自主学习，认识化学方程式（3分钟），见表1。

表1 3分钟的自主学习活动

时间	活动形式	学生活动	教师活动
2分钟	阅读教材 比较分析 小组讨论	阅读教材第105页"活动天地"，比较分析3种表示方法的优点与缺点，思考哪一种表示方法最好	指导阅读与思考
1分钟	归纳小结	归纳化学方程式的定义	指导与纠错

过渡：为什么化学方程式能够准确表示化学反应？

活动元二：自主与合作，了解化学方程式的意义（11分钟），见表2。

表2　11分钟的自主与合作活动

时间	活动形式	学生活动	教师活动
3分钟	自主学习 同桌交流	阅读教材第106页第一自然段，思考从"$2H_2+O_2 \xrightarrow{点燃} 2H_2O$"中能获得的信息是： （1）反应物是_____，生成物是_____，反应条件是_____ （2）H_2、O_2、H_2O粒子数目之比为_____，相对物质质量之比为_____，物质的质量之比为_____	指导学生阅读，引导学生从宏观、微观与质量角度分别归纳化学方程式所表示的意义
1分钟	归纳小结	化学方程式的意义： 宏观表示_____和_____； 微观表示_____	
2分钟	巩固练习	1.4g氢气完全燃烧生成水_____g 2. 完成P108的"在线测试"	
3分钟	合作学习 自主学习	1. 小组内尝试读出化学方程式： $2H_2+O_2 \xrightarrow{点燃} 2H_2O$ 2. 阅读P105页小方框内的文字，填写： = ↑ ↓ △分别表示：_____ 3. 读出"$C+O_2 \xrightarrow{点燃} CO_2$"这个化学方程式	纠正错误，规范语言
2分钟	巩固练习	完成P108的"挑战自我"	

过渡：我们知道了化学方程式的定义、意义及读法，那么应该如何书写化学方程式呢？

活动元三：自主与合作，掌握化学方程式的书写原则与步骤（20分钟），见表3。

表3 20分钟的自主与合作活动

时间	活动形式	学生活动	教师活动
5分钟	自主学习	阅读教材P106"活动天地"（5-3），思考书写化学方程式的步骤	指导学生阅读与归纳，倾听学生想法，板书步骤，即写、配、注、等、查
5分钟	讨论交流	小组内讨论归纳出书写化学方程式的步骤。 （1）写：＿＿＿＿＿＿ （2）配：＿＿＿＿＿＿ （3）注：＿＿＿＿＿＿ （4）等：＿＿＿＿＿＿ （5）查：＿＿＿＿＿＿	
3分钟	巩固练习	写出二氧化碳与碳在高温下反应生成一氧化碳的化学方程式：＿＿＿＿＿＿	
4分钟	思考交流	思考： （1）如何写出反应物和生成物的化学式 （2）如何使化学方程式两边的原子个数相等？能不能改变化学式中的数字使其相等	巡视指导、纠错，强化化学式的科学性与规范性
3分钟	阅读归纳	阅读教材P107第一自然段，归纳出书写化学方程式应遵循的原则：一是必须＿＿＿＿＿＿，二是必须＿＿＿＿＿	

"活动元一"将化学反应的表示方法通过自主与合作学习的方式完成。虽然是简单内容，但对于化学方程式这个核心概念并没有采取通常讲解—记忆的方式，而是通过四个学生活动，即阅读教材—对比分析—小组讨论—归纳小结，让学生理解记忆，合作完成概念学习。

"活动元二"任务难度不大，但化学方程式是最难的一种化学用语，要将宏观、微观、符号三重表征结合起来理解，按照"活动"的思路，单列一个活动元。学生用11分钟时间，通过自主学习、小组交流、练习反馈等形式了解化学方程式的意义与读法。

"活动元三"化学方程式的书写步骤是本节课的重点内容，当然"活动元三"成了核心活动元，用充分的时间和"重点"活动予以突出。通过自主与合作学习—练习反馈—思考强化等活动让学生经历一个较为完整的探究过程，以此解决本节的重、难点问题。

三、小步反馈，当堂检测

斯金纳认为，要达到一个难度较大的行为目的，需要用连续接近法，分很小的步子强化，每次强化的难度加大，这样可以由易到难逐步达到目的。

《化学反应的表示》课例中，采用了这一规则，即小步子反馈，连贯性评价。不仅在每个学生活动之后紧跟练习和小结梳理、交流评价，每个活动元都设置了显性化的评价，还在最后单设一个评价活动元，对学生当堂学习情况进行测试，以此来检查目标是否达成，活动是否有意义。

案例3：

活动元四：当堂检测，强化知识（5分钟），见表4。

表4　5分钟当堂检测活动

时间	活动形式	学生活动	教师活动
5分钟	巩固练习	1. 在线测试 2. 挑战自我	巡视、指导、纠错

以教材中的在线测试和挑战自我作为本节课的当堂检测题，既可以检测学习目标的达成情况，强化本节知识，还可以减轻学生课后作业负担。

四、拓展延伸，设疑结课

在课堂小结中，除了小结本节课所学知识外，还可以进行适当的拓展延伸，进行设疑结课，让学生带着问题走出课堂，为后续学习埋下伏笔。

案例4：

课堂小结（1分钟）：通过本节课的学习，学生学习了化学方程式的定义、意义及书写步骤，但是在书写过程中，最重要的是配平化学方程式。那么如何配平化学方程式呢？我们把这个问题留到下一节课进行一个专题学习（带着问题走出课堂）。

配平化学方程式是书写化学方程式的难点步骤，想要在这节课中让学生掌握配平方法，是不现实的。因此在本节课结束的时候，教师可以提出如何配平这个问题，让学生带着问题走出本节课课堂，又设置了一个悬念，促使学生下一堂课认真学习。

【评析】以学生为中心的初中化学元课堂教学模式能够立足学生根本，以目标为引导，以任务为载体，以学生活动为中心，突显了学生的主体地位。在教学中，这种元教学模式可以明确核心问题，确定各活动单元的教学小目标、侧重点及活动元之间的逻辑关系，能够合理划分时间，合理确定课堂容量。教学时教师能够很好地掌控课堂时间及教学内容，保证教学思路清晰、层次分明。这种模式对新入职的教师有很好的指导作用。

初中生物以生为本的
"六部"自导式课堂教学模式

为期两年的国培学习即将结束，我们小组的成员的思想、专业技能、职业素养等都有了质的提升。历经思维碰撞、刻苦钻研，我们探索出了初中生物以生为本的"六部"自导式课堂教学模式。

创立这一模式的基本理念是以目标和问题引导学生自主学习，以任务为载体驱动学生合作探究；基本方法是以练习促进学生理解和运用知识，以小结整理促进知识的系统建构；主要环节包括"创设情境，导入新课""明确目标，合作探究""展示交流，点拨评价""及时练习，夯实基础""达标检测，查漏补缺""小结整理，拓展提升"。

一、创设情境，导入新课

这一环节主要包括两种方法：复习法和激趣法。其主要目的是让学生积极愉悦地进入课堂学习，唤醒学生的记忆。导入新课的形式多种多样，内容也各不相同，教师在备课时可根据具体的学情采用不同的方法。

二、明确目标，合作探究

这一环节包括三个流程：明确目标、创设自学提纲、引导自学。

根据本班学生的学习目标和学习内容，结合学生的经验、基础和习惯，以及既有教学资源，教师要将学习目标问题化、学习内容模块化，分别确定出相应的学习任务或探究任务项，以完成任务为载体，引导学生自我驱动、合作探究。教师要提炼出能引导学生自主尝试学习的问题，并选取恰当的方式向学生提问，让学生通过自学或小组合作探究的方式完成学习任务。

三、展示交流，点拨评价

本环节的活动有利于锻炼学生的表达、归纳和整理知识的能力。自评、生评、互评相互结合的评价方式，不仅可以让学生查漏补缺，也可以给老师提供一个良好的教学反馈，以便在课堂教学中及时调节课堂知识的难易度，从而选择更好的知识呈现方式。

四、及时练习，夯实基础

完成每项探究任务后，学生要先及时练习，再进入下一个任务的探究环节，如此循环，直到完成所有任务。

为强化学生对学习内容的理解与记忆，帮助学生将知识转化为技能，反馈学习目标达成情况，教师应根据相应的学习目标，在每项学习、探究任务完成后，设置1~2道基础练习题。

五、达标检测，查漏补缺

在完成所有的学习任务模块后，教师应根据考点和本节重难点设计当堂检测题。检测题可以是从教材或学生使用的练习册上选用，也可以自编后通过口头提问、投影、小黑板或印制导学案等方式呈现。并且现场统计测试情况，教师应根据学生做题情况给予评价和点拨，通过点拨、讲解等方式引导学生"补漏"，或给出"补漏"建议，并且当堂落实知识，提高学生能力。

六、小结整理，拓展提升

这一环节包括"小结整理""拓展"以及"反思提升"。

利用结构式板书或投影，引导学生画出思维导图（知识树）并展示交流、讨论修正，系统构建知识。教师可根据具体教学情况和教学内容进行拓展延伸，以补充课内知识，丰富学生视野，提高学生能力；也可进行初高中的知识衔接。通过复盘教学过程，反思教学设计与实施过程中，教师应就本节教学内容的补救或拓展进行规划，提炼改进教学设计与实施的策略、方法。

以上是我们小组对整个"六部"自导式课堂教学模式的说明以及所期望达到的目的。

【建模课例】

人教版七年级上册
第三单元　生物圈中的绿色植物
第五章　绿色植物与生物圈中的碳——氧平衡
第一节　光合作用吸收二氧化碳释放氧气

【教学目标】

一、知识目标

1. 阐明光合作用的概念。

2. 通过实验的方法独立设计并完成探究活动"二氧化碳是光合作用必需的原料吗?"

3. 举例说明光合作用原理在农业生产上的应用。

二、能力目标

利用实验教学,培养学生科学的探究能力。

三、情感、态度与价值观目标

1. 阐明绿色植物在生物圈中是氧的制造者,理解碳—氧平衡的重要意义。

2. 培养学生爱护绿色植物,热爱大自然,保护环境的意识。

【教学重点】

光合作用的实质,即光合作用的产物、原料、条件、公式。

【教学难点】

通过实验的方法独立设计并完成探究活动"二氧化碳是光合作用必需的原料吗?"

【课时安排】

1课时

【教学过程】

一、创设情境,引入新课

生物的呼吸,燃料的燃烧都需要消耗大量的氧气,排出大量的二氧化碳。那我们为什么还没有感觉到缺氧呢?氧从何来?二氧化碳哪去了?大自然是怎样调节氧和二氧化碳的平衡的?

教师引导:要想破解这个谜,还需要我们进一步了解植物的光合作用。

二、明确目标，合作探究

1. 光合作用的原料和产物。

2. 光合作用的实质。

3. 光合作用的原理，以及光合作用在农业生产上有怎样的应用。

三、展示交流，点拨评价

（一）光合作用利用二氧化碳作为原料

1. 海尔蒙特的实验（教材 P121 "想一想，议一议"）。

教师指导学生阅读教材 121 页比利时科学家海尔蒙特所做的实验，并引发学生思考：

（1）海尔蒙特对柳树树苗的生长给出了怎样的解释？

（2）他是否忽略了其他因素？这些因素是什么？

学生讨论后得出结论：海尔蒙特忽略了空气这一重要因素的作用。

教师进一步引导：在海尔蒙特所处的时代，人们对于空气的成分还研究得不清楚，经过后来许多科学家的实验，最终揭开了光合作用的谜底，其中普利斯特利的实验就是其中最为著名的实验之一。

2. 普利斯特利的实验。

教师引导阅读教材 122 页普利斯特利的实验并结合相关图片，解决问题：

（1）把点燃的蜡烛和活着的小白鼠分别放进密闭的容器，蜡烛为什么会熄灭？小白鼠为什么会死掉？

（2）点燃的蜡烛或小白鼠与绿色植物分别从对方那里得到了什么？

（3）普利斯特利为什么要设计两组实验？

学生边观察边思考，对于不能解决的问题进行小组讨论，教师巡视并参与到小组讨论中，注意引导每一个学生都要参与讨论，最后得出结论。

（1）蜡烛和小白鼠呼吸消耗了氧气，当氧气耗尽时，蜡烛熄灭，小白鼠死亡。

（2）点燃的蜡烛或小白鼠从绿色植物中得到氧气，它们排出的二氧化碳又是绿色植物光合作用的原料。

（3）用于对照。

3. 探究：二氧化碳是光合作用必需的原料吗？

教师通过提供讨论提纲来降低探究实验的难度，引导学生进行探究活动。讨论提纲：

①这个实验的变量是什么？

②如何保证实验中只有二氧化碳这一个变量？

③怎样设计对照实验？

④选取哪些材料用具完成实验？

学生根据讨论提纲进行分组讨论，每一小组根据自己讨论的结果制定探究计划，实施探究。

教师引导学生交流探究报告，与学生根据讨论提纲共同分析实验设计的合理性及严谨性。教师对每个小组实验设计的合理方面都给予充分的肯定。

对于实验结果与假设不一致的情况，小组成员合作，一起分析原因，然后在以下三种方案中做出选择：①否定原来的假设，得出与假设相反的结论；②按照原来的实验方案重做一遍，检验自己的实验结果是不是可以重复；③重新设计实验方案，并通过实验重新检验假设。

教师多媒体展示几种实验设计方案和装置，学生结合展示内容来完善方案实验，实施探究活动。图1为实验设计。

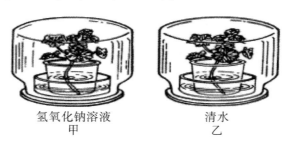

氢氧化钠溶液　　　　　　　清水
甲　　　　　　　　　　乙

图1　实验设计

（二）光合作用还能产生氧气

教师展示课前准备好的实验装置，学生观察金鱼藻在光照下放出氧气这一现象。请学生思考气体的成分，根据自己已有的知识做出假设，并思考验证方法。提示学生：氧气能够助燃。

教师进一步引导：那么金鱼藻产生的小气泡的成分是什么呢？接下来请大家继续观察实验。

教师将快要熄灭的卫生香伸入集气瓶中，让学生观察现象并描述。

学生分析实验现象，交流讨论，最后得出结论：金鱼藻在光下能够产生氧气。

教师强调：绿色植物进行光合作用的产物除了有机物外，还有氧气。

光合作用的实质：

教师多媒体展示植物光合作用的图片，引导学生在分析的过程中完成如下问题：

1. 你能总结出光合作用的原料和产物吗？请分析光合作用进行的条件和场所。

2. 你能根据光合作用的公式总结出光合作用的实质吗？

教师要引导学生根据光合作用的实验对光合作用进行初步的小结。

1. 光合作用的原料是二氧化碳和水，产物是有机物和氧气，条件是光，场所是叶绿体，如图2所示。

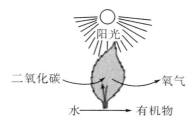

图 2　光合作用

2. 光合作用的实质包括物质转化和能量转化两个方面。物质转化方面，光合作用把无机物转化成为有机物；能量转化方面，光合作用把光能转化为储存在有机物中的化学能。

（三）光合作用在农业生产上的应用

教师展示玉米合理密植的图片资料，如图3所示。引导学生观察，同时结合课前收集的资料，请学生思考：在农业生产上，应怎样做才能充分利用光能，提高产量呢？还可以采取哪些措施提高产量呢？

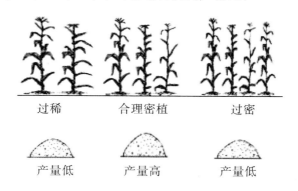

图 3　玉米合理密植资料

学生讨论交流得出结论：应注意在种植农作物时合理密植。可以用延长光照时间、增加光照强度以及提高植物周围的二氧化碳浓度等方法来提高产量。

四、及时练习，夯实基础

1. 教材P126：练习题1~4。

2. 教材P125分析实验结果：金鱼藻的实验中，试管离白炽灯的距离不同，产生的气泡个数也不同，观察表1的数据，并分析问题。

表1　金鱼藻实验中，试管离白炽灯的距离与产生气泡个数的关系

试管与灯的距离/厘米	每分钟产生的气泡数/个
10	60
20	25
30	10
40	5

1. 光源与金鱼藻的距离远近与其产生的气泡数目之间有什么关系？可以得出什么结论？

距离越远，气泡越少，距离越近，气泡越多。

结论：光源越强，光合作用越强。

2. 如果这个实验在黑暗中进行，你能预测结果吗？

没有气泡产生。

五、达标检测，查漏补缺

完成《练习册》的选题（略）。

六、小结整理，拓展提升

（一）小结

1. 光合作用的实质包括物质转化和能量转化两个方面。物质转化方面，光合作用把无机物转化成为有机物；能量转化方面，光合作用把光能转化为储存在有机物中的化学能。

2. 在农业生产上可采取合理密植、延长光照时间、增加光照强度、提高植物周围的二氧化碳浓度等方法来提高产量。

（二）解释

1. 家里种植的花草，如果长时间被放在黑暗处，它们会死去。小麦在

灌浆时遇到阴雨天气，会减产。你能说说其中的原因吗？

2. 小麦在生长期，如果大部分叶片被害虫吃了，这对麦田的产量会产生什么影响？为什么？

3. 如何验证光合作用的原料是水？

4. 如何选材来验证植物的光合作用的场所是叶绿体？

【板书设计】

第一节　光合作用吸收二氧化碳释放氧气

1. 光合作用的原料和产物

2. 光合作用的实质

3. 光合作用的原理在农业生产上的应用

【评析】"以生为本"的"六部"自导式课堂教学模式的基本理念是以目标和问题引导学生自主学习，以任务为载体驱动学生合作探究；基本方法是以练习促进学生理解和运用知识，以小结整理促进知识的系统建构；主要环节包括"创设情境，导入新课""明确目标，合作探究""展示交流，点拨评价""及时练习，夯实基础""达标检测，查漏补缺""小结整理，拓展提升"。

课例体现了"模式"的理念，充分展示了"模式"的各个环节和操作方法。具体表现在以下四个方面：

（1）精心设计了问题式情景导入环节，问题具有激发兴趣、引发思考的作用。

（2）展示本节教学目标简明、具体、准确，使学生的学习活动有清晰的方向，为本节学习活动打下良好基础。

（3）以阅读教材资料为基础，组织学生开展交流讨论活动，讨论的问题有价值，思考性强。在此基础上，由教师引导解读"普利斯特利经典实验"。这是本节课的关键环节，为此，制订了明确的环节目标、问题串讲授的方法和语言，以及学生活动方案。为了加深学生印象，帮助学生理解，课例选用了另外一些有关实验案例，充分说明光合作用的原理、机制和实质。同时，整个过程以实验为依据，逻辑清楚、思路清晰、推导严密，充分体现了生物学的理科属性，对学生进行了一次很好的科学态度、科学方法和科学精神教育。

（4）"及时练习，夯实基础""达标检测，查漏补缺""小结整理，拓展提升"等环节都体现了良好的设计感，对达成教学目标起到了积极作用。

初中思想政治课
"一波四环"课堂教学模式

陈洪平　刘国　李朝贵　王甫英

初中思想政治课"一波四环"课堂教学模式探究是区级立项课题，课题组成员积极参加 2017 年江阳区开展的"国培送教下乡"活动，以此推进课题研究、推广课题研究成果。"一波四环"的课堂学习方式，优化了初中思想政治课堂教学，促进了学生的发展，完善了送教活动模式，从而取得了较好的效果。

"一波四环"学习模式建立在学生体验学习过程的基础上。我们的研讨过程要以此为基点，将学生体验式学习贯穿于整个教学环节。为了研究的需要，我们将班级学生进行合理分组，每个班级设立两名思想政治学科科代表，每个小组设立一名小组学科组长。在"边学习，边实验，边总结，边反馈"的研究摸索下，通过课题组全体成员的反复验证，我们初步形成了一套符合思想政治学科的"一波四环"学习策略，如图 1 所示。

图 1　"一波四环"学习策略

一、以班级小组"课前短波"作为"一波四环"课堂教学模式的开始

在这个信息化时代，初中学生思维活跃、好奇心强、可塑性强，但其知识阅历较浅、认知度不高，而又迫于较强的学习压力，对外界的信息了解机会较少，为了丰富学生的阅历，提高学生综合能力，给学生搭建更多展示的

机会，作为一名初中思想政治课教师，会在每节思想品德课上课之前开展"课前短波"活动，让学生在活动中丰富阅历、深化认识、提高觉悟、转化行为，在活动中探索，在活动中感悟，在活动中成长。

那么，如何开展思想政治课的"课前短波"活动呢？

1. 从内容上建议

（1）新闻快播：近期国际国内重大时政信息及新闻点评。

（2）感悟生活：社会及身边生活中一些奇闻趣事的感悟。

（3）轻松一刻：高雅而又比较吸引学生眼球的幽默、风趣、笑话等图片、文字、视频等。

2. 从时间上把握

时间安排在每节思想政治课前预备铃响开始，时间控制在 3~5 分钟，尽量不超时。

3. 从效果上保障

为了确保每次"课前短波"的效果，根据实际情况，进行如下要求：

（1）实行小组轮流承办制，充分发挥小组成员的特长和小组集体智慧，增加家长和老师的指导，利用网络等渠道精选素材，精心制作课件等形式。

（2）重视实施过程中的小组智慧。要求小组成员全员参与，人人上台、人人主持，在上课前进行彩排。

（3）每次"课前短波"结束后，要进行小组互评活动，提出亮点和可以改进的地方，互相学习、借鉴经验。

（4）实行"课前短波"评分制，5 分为满分，其余学习小组在互评中打分，上课老师打分，以平均分为本次课前短波活动的得分；如果超时，那么超时一分钟则扣得分 1 分，并将得分纳入班级的小组积分考核中。

通过课题组两年多的实践，思想政治课"课前短波"活动取得了较好效果，主要表现如下：①大大丰富了学生的阅历，改变了过去学生"一心只读圣贤书，两耳不闻窗外事"的状况。②多方面锻炼学生的能力，培养了学生的良好品质，如选材能力、制作幻灯片的能力、审美能力、竞争能力、组织能力、展示能力等，培养了学生团结合作的品质，促进了学生综合素质的全面提升。③拉近了师生间的距离，便于老师更好地了解学生的兴趣爱好和思想动态，拉近师生关系。

二、以课堂的"导—学—议—展"作为"一波四环"课堂教学模式的核心

我们认为，任何课堂都应该结合教育实际，同时积极向我国课程改革先进地区学习。学习是必须的，但切忌盲目崇拜、兼收并蓄。我们结合学校实际，形成了思想品德政治课的教学模式。

1. 思政课堂遵循原则

①以学生为主体，这重培养学生综合能力。

②实行零书面课外作业制。

③用多媒体取代纸质导学教案，向课堂 40 分钟要质量，不增加学生课业负担。

2. 思政课堂模式

思想政治课要实行"导—学—议—展"模式。

"导"是指教师以情景为载体引导学生明确学习目标，引导预习方向，以及课堂活动中的提升引导。

"学"是指学生在明确学习目标的前提下，结合老师预习提示，进行自主预习，课堂探究活动中的自主学习，合作学习等。

"议"是指小组成员间的预习交流，课堂探讨疑难问题。

"展"是指小组学生课堂个体学习成果的展示以及小组集体成员的学习展示等。

3. 思政课堂过程

①教师情景导入。

②教师提出学习目标，并给予预习提示。

③学生自主预习，并补充预习疑难问题，小组交流预习情况。教师集中收集整理学生情况，便于指导课堂教学。

④教师精心设计课堂教学活动，突出重点，突破难点。学生参与活动并展示活动成果。

⑤学生展示收获，通过知识归纳、交流收获、自创诗歌、散文等形式以小组为单位进行。

三、以学生的展示、点评、提问作为"一波四环"课堂教学模式的升华

心理学研究表明，每一个人都有被认同、被肯定、被赞扬的需要，也都

有表现自己的欲望。在思想政治学科探究性学习策略研究中，我们尝试将课堂交还给学生，让他们真正成为课堂的主人，因此，我们尽量减少教师在课堂中对知识的讲解，注重课堂教学环节的设计，最大程度调动学生课堂的参与性。我们从以下方面展开研究：

1. 激情展示，让学生乐于释疑解惑

要让学生真正成为学习的主人，就一定要让他们成为课堂的主人。从随机选择小组成员展示临时性的问题到有意识地安排小组成员展示预设的问题，在调动学生课堂参与方面，我们最终形成以探究性问题为载体，以学生课堂中的展示为依托的"课堂参与模式"。

（1）这种课堂参与模式必须建立在探究的基础上。学生先要对导学案中预设的问题有初步的解答，这种答案不一定是完整的，甚至还可以是错误的，在课堂上，学生把展示对象的解题思路呈现在全体学生面前。而这一过程比答案本身有着更重要的意义。因为学生站在黑板前，面向全体同学，展示解题思路本身就是最大的成功。如果没有探究环节，那么展示环节就失去了意义。

（2）这种课堂参与模式有着严格的操作规范。规范性的东西，能帮助学生养成良好的习惯，而一种好习惯能有助于取得好成绩。在学生展示环节，我们统一要求实验班学生使用普通话，并且要面向全体同学进行展示，这样可以锻炼他们站在台上的勇气；同时要求学生保持较好的姿态，语言要简练、切记啰唆，最好能有一定的肢体语言配合。

（3）这种课堂参与模式分为两个环节。一是学生在黑板上板书展示问题的答案，注意板书的规范性。在这一环节中，我们要求其他学生继续展开合作探究，小组内部成员之间相互帮助。二是同学完成板书后，要面向同学阐述解题思路。这时所有同学都要认真倾听，在该同学阐述完成后，其余学生就不懂的地方提出疑问，或者质疑其答案。

2. 阳光点评，让学生善于归纳总结

当各小组学生完成展示后，各小组就会由另一名同学来点评本小组展示的问题，点评主要是从答题的规范性到思路的逻辑性，既要涉及优点，更要指出存在的问题。在点评环节，我们需要注意以下问题：

（1）点评形式的多样性。对于参与点评的同学，通常我们采取异组的形式，即点评同学和展示同学不在一个小组，这样可以有效确保其他小组同学认真倾听和思考展示的问题；当然也会出现同组的形式，由于是点评共同探究解决的问题，因而点评的同学对展示同学的整个解题思路较为熟悉，点评起来也就轻车熟路。

（2）点评内容的规范性。我们要求进行点评的同学要从两个环节展开点评。一是展示同学答题的规范性和答案的完整性。思想政治学科，是一种文字性较强的学科，从实验开始，我们就对参与实验的同学提出特殊的要求，即要严格按照我们制定的"理论+材料，分层分点作答"答题思路进行问题探究，因而点评同学首先要点评的就是答题的规范性，然后才是答案的完整性。若遇到需要补充的知识，可用另一种粉笔在展示同学的答案上直接给出，这样有利于培养学生的规范性操作。二是题型解题思路的归纳。参与点评的同学要对所涉及题型的答题思路给出规律性的分析，甚至还可以列举类似的题型加深巩固，例如涉及"原因"类问题，我们应该从哪些方面展开分析等。这点对学生的要求较高，因而一般由各小组学科成绩最好的同学负责。

（3）大胆质疑，让学生勇于提出疑问。知识的碰撞必然会产生智慧的火花，无论是学生口头展示环节，还是点评环节，如果任何一个小组的任何一个同学有疑惑，那么都可以在他人完成展示、点评之后，及时提出疑问，将个人的意见及时转达给班级同学，引导同学们展开思考讨论。在开展研究的过程中，教师要积极鼓励其他小组成员大胆提出疑问。

由于学生知识体系的相对不完整，无法对新授课知识完全掌握和理解，因而无论是在展示环节、点评环节还是在提问环节，教师要尽量调动学生的积极性，发挥学生探究知识主体性；同时作为课堂组织者、引导者，教师也必须要发挥积极的作用，在这三个环节中，都要适时（学生出现对立观点且无法说服对方时、学生生成新的问题与预设不符时、学生思维不严谨、方法不系统时、学生难以理解的知识时）给予精讲点拨（抓住问题要害，明晰事理，从个性到共性，深入浅出，直观形象，言简意赅，重难点突出，详略得当）。

四、以巩固拓展（我学践行）作为"一波四环"课堂教学模式的巩固和提升

德国诗人莱辛说："追求真理比占有真理更宝贵"。通过"一波四环"学习策略，学生头脑不再是一个要被填满的容器，而是一把被点燃的火把，要让这把火燃烧得有价值，反思总结、实地践行必不可少。每周末，学生要

对本周所探究的问题进行查漏补缺、反思总结。其方式主要有以下两种：

1. 智慧树

由于思想政治学科课程的设置，一般每课由两个框题组成，正好一周的课时能完成。每周周末，我们将组织实验班级学生就本周所学知识，以每一课为根基，以每一个知识点为枝叶，最终形成一颗智慧树。通过这种方式，学生能将本周所学知识系统化，并通过枝叶延伸，发现知识点之间的内在联系，更利于系统性掌握本课知识。

2. 周末行

在研究中，学生大多数时间在学校度过，只有周末才能将本周所学试着以行动去实践，这是思想品德课的真正落脚点，真正体现了思想品德课程的育人功能。

五、教学中遇到的新问题

1. 课堂教学设计层面遇到的新问题

新课程增加了课程容量，加大了教学力度，实际教学中存在任务重且时间紧的问题，这在无形中冲击了探究活动，使探究活动多在惜时中进行和完成。①教学方法选择不当，在教学方法上不分析知识本身的具体情况，方法单一。②情境创设不当，情境的创设更多是为了证明知识，而没有引导知识的产生及发展，也没有引导学生发现知识的来源。这是一种重结论、轻过程的教学策略。③问题设计不当，问题的设计不注重循序渐进的过程，急于求成、急功近利。

2. 课堂组织管理层面遇到的新问题

①活动组织不当，人为制造课堂氛围。②评价策略不当，这里的评价主要是指课堂上教师对学生回答后的评价过于消极，抑制了学生学习的积极性和创造性。③偶发事件处理不当，课堂是一个动态的活动场所，充满了许多不可预知性，因偶发事件而引发的课堂失误是比较常见的一种失误。

3. 课堂文化层面出现的新问题

教师知识的贫乏，适应不了时代发展的要求，使得课堂内容不够丰富。教师的责任心下降，师生之间沟通缺乏情感支撑。现代教育技术运用不合理，为运用而运用。由于诸多因素干扰，学生的人文基础较为薄弱，自学能力较弱，判断社会现象和感知生活情景的能力有限，探究风气不足。

【评析】

探究初中思想政治课"一波四环"学习模式起源于江阳区西路学校思想政治教研组的课题研究,后期这一成果将在国培送教活动中作为典型教学案例在全区推广。

在江阳区,由于城乡二元结构较为严重,乡镇学校思想政治课教师数量严重不足、专业化水平相对不高,该案例成果对江阳区思想政治学科改革起着积极推动作用,给一线思想政治教师,特别是乡镇学校思想政治教师指明了教学方向和教学思路。

我认为初中思想政治课"一波四环"学习模式有以下亮点:

(1)重视国家课程校本化。思想政治课教学是在用国家教材而非教教材,如"课前短波"活动重时政新闻报道、趣闻轶事分享与感悟、课堂教学情景的创设等,这些都是对国家课程校本化开放。

(2)重视学生主体性的充分发挥。整个学习模式坚持教师主导、学生主体,通过学生自主创造、自主展示、自主评价、自主反思提高学生自主学习能力。

(3)重视思想政治课堂的价值彰显。整个教学过程中处处弥漫着育人气息,在教学活动中自然生成情感态度价值观,很好地将德育与智育"双价值"有机融合,彰显思想政治课堂立德树人的价值追求。

后期建议,希望课题组能在研究与实践中不断优化学习模式,"一波四环"学习模式只是思想政治课教学的模式之一,要避免不同教学内容的模式化。

初中历史
"互动—探究式"课堂教学模式

欧阳菊　周霞　何屏频

江阳区初中历史学科组全体教师按照新课标和部编版教材的要求，通过"国培送教下乡"的实践探索，构建了"互动—探究式"课堂，其主要环节有"激趣引入""问题导学""互动探究""小结检测""拓展延伸"五个环节，其中，"互动探究"是中心环节。

现以部编版初中历史七年级下册第12课《宋元时期的都市和文化》的教学为例，对初中历史"互动—探究式"课堂结构的教学环节进行说明。

一、激趣引入

导入是教学的起始环节，恰如其分地导入能迅速将学生的思维引到探求新知识上来。导入形式灵活多样，如热点导入法，游戏、自编小短剧等活动导入法，多媒体图片、视频、音乐导入法，警言、谚语、故事导入法，层层设问导入法等。

案例1：激趣引入的内容

师：同学们，宋朝和元朝都是我国时代特征很鲜明的王朝，而宋元时期的都市风貌和文化发展都呈现出万千气象，接下来，我们通过一则视频来感受一下。

播放视频《看鉴——3分钟看懂清明上河图》

师：同学们，刚才大家看到的只是宋元社会生活万千气象的一个缩影，那么，你们看完视频后想体验一下宋元时期如此万千气象的社会生活吗？

生：想！

师：好！那就让我们一起走进《宋元时期的都市和文化》，一起去看看宋元时期的繁华都市、品味宋元时期的文化魅力吧！

二、问题导学

导入新课后，教师展示本课的导学问题。导学问题是教师根据课标、教学目标和学情，提炼出的能引导学生尝试自主学习的问题。教师限定时间来引导学生阅读教材、积极思考、尝试独立解决问题。其间，教师巡回指导，检查学生自主学习的情况，发现学生学习中的难点，确定重点讲解的内容和方法。

案例2：导学问题

（1）宋元时期，著名的大都市有哪些？

（2）北宋时期，开封城里最繁华的是哪里？

（3）什么是"瓦子""勾栏"？

（4）什么是词？著名的词牌名有哪些？词往往分为哪两类？著名的词人代表有哪些？

（5）什么是元曲？元曲包括哪些内容？著名的元杂剧代表人物是谁？其代表作是什么？

（6）"元曲四大家"有哪些？

（7）北宋著名的史学家有谁？其史学著作是什么？

三、互动探究

本环节中，为了突破重难点，教师要对教学重难点内容进行问题设计；而问题设计要做到由浅入深、层层推进。须特别注意的是，在生生互动、师生互动探究时，教师一定要秉持教为主导，学为主体的教学原则。

案例3：互动探究

问题一：什么是"瓦子""勾栏"？

学生通过自主学习，可以从教材中得出结论、回答问题，而难点在于理解"瓦子"和"勾栏"的兴起原因。

问题二：结合材料和所学知识，宋朝"瓦子""勾栏"的兴盛原因是什么？

（1）材料一：视频《从千年历史看宋辽澶渊之盟》。

（2）材料二：（南宋首都临安）"万物所聚，诸行百市""自大街及诸坊巷，大小铺席，连门俱是，即无虚空之屋"。

——《梦粱录》卷十三

（3）材料三：手工业者、商人、小地产所有者……他们构成了市民阶层的主体。在都市生活新变下，这个新兴的富有朝气的市民群体，产生了满足情感与精神娱乐的需要。

——孙彩霞《宋代城市经济与城市中的瓦子勾栏》

首先，学生要根据教师提出的要求进行自主探究，其间教师巡回指导，检查学生自主探究的情况，同时对个别学生的个别问题进行知识或方法指导；然后，学生之间就自主探究中存在的疑难问题相互提问，相互解答，对于较难的问题，教师引导学生小组互动探究；最后，学生展示小组互动探究得出的结论，教师进行中肯的点评、重难点的讲解、补充说明、方法指导等，进而总结。

师：和谐的环境，稳定的发展，促进了城市的繁荣，城市人口也随之增多，不断增加的市民群体有了更多的闲暇时间，国泰民安，文化氛围浓厚，他们追求物质的享受，也有着强烈的精神需求，因此，瓦子勾栏兴盛起来。

总之，此环节是"互动—探究式"课堂教学的中心环节，教师应特别注意两点：一是在教学过程中，要以学生互动探究历史问题的论证活动为重心，让学生自己解决问题；二是选择的史料必须真实有效，同时注重培养学生分析、比较、概括史料的能力。

四、小结检测

（一）课堂小结

学生在学习完本课后，可以畅所欲言地表达自己的观点或想法，教师进行肯定或者鼓励性点评；然后，教师再进行小结。小结的方式有很多，如自主编题法、口诀法、图表法等，但不管采用何种方法，教师都必须根据教学内容、教学对象及教学实际设计出最优的小结形式。

案例4：顺口溜小结

北宋开封相国寺，南宋临安元大都。

娱乐好要去瓦子，勾栏里面看表演。

春节元宵中秋节，宋称春节为元旦。

宋代文学主形式，豪迈苏轼辛弃疾。

婉约两宋李清照，元代汉卿《窦娥冤》。

《资治通鉴》司马光，史学巨作放光彩。

（二）当堂检测

当堂检测题尽量只针对本课的学习目标，检测本课的学习内容，检测的难度应适中。需要注意的是，当堂检测，不是逐题抽问、讲解，而是整体判断正误、双向反馈信息，然后视情况进行后续处理。绝大多数学生都回答正确的习题与试题，教师不宜再耗费时间去讲解；但如果绝大多数学生都有错误或存在共性问题，则教师应立即追溯原因，弄清问题所在，在下一节课或者利用课外时间，组织补救性学习，然后再检测，直至绝大多数学生达标。

案例5：当堂检测题

1. 瓦子在宋代城市的盛行，主要是因为（　　）。

A. 士大夫的提倡　　　　　　　　B. 市民群体不断壮大

C. 农民的需要　　　　　　　　　D. 达官贵人的需要

2. 每个时代都会有其主流文学形式，宋代的主流文学形式是（　　）。

A. 诗　　　　　B. 词　　　　　C. 曲　　　　　D. 小说

3. 人们常用"比黄连还苦，比窦娥还冤"来形容一个人苦深冤重。塑造"窦娥"这个艺术形象的是（　　）。

A. 苏轼　　　　B. 关汉卿　　　　C. 李清照　　　　D. 杜甫

五、拓展延伸

这是一个"拔高"的过程，关注的是学生想象力、联想力和知识运用的能力。此环节教师适当且又恰当地对本课所学的内容"前挂后联"，拓展延伸，其目的是让学生体会本课内容在过去或现在的意义，做到知古鉴今，从而进行情感态度和价值观的教育。

案例6：拓展延伸

教师播放数字PPT《穿梭古今，探寻文化脉络》。

师：穿梭古今，今天很多的传统文化，或许加入了新的元素，但是都能从古代找到影子，这正体现了中华文化历史悠久，源远流长。文化，是中华民族的魂，是中华民族的根；同学们，文化兴，国运兴，文化强，民族强，恰同学少年，风华正茂，青少年的我们肩负着国之前途、民族之命运，让我们博学古今，坚定文化自信，传承中华文化！

"文化自信"是贯穿于本课教学的核心和灵魂。教师通过展示数字PPT进行情感升华，拓展了学生知识点，培养了学生关注未来的意识，既达到了本课的情感态度价值观的教学目的，又体现了本课教育的现实意义。

图 1 为初中历史"互动—探究式"课堂教学模式操作流程。

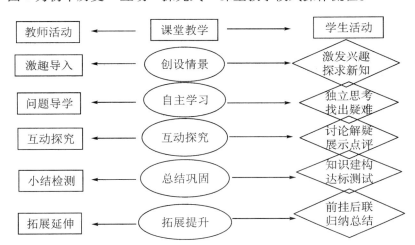

图 1　初中历史"互动—探究式"课堂教学模式操作流程

　　"互动—探究式"课堂教学模式旨在突出学生自主、合作、探究性学习。这种教学模式既活跃了课堂气氛，调动了学生学习的积极性，又提高了课堂的效率，还有利于深度教学和现代信息技术的切实运用。

　　【评析】本堂课充分体现了"教师主导，学生主体"的原则，充分发挥了有效问题驱动高效教学达成的作用。在五个环节的教学步骤中，"文化自信"贯穿于课堂教学活动始终，是本课的课魂。五个环节的目标明确，问题设计有层次、互动展开较真实、探究方法较先进，对学生从史学知识时序化建构到历史学科核心素养的培育都比较到位。最为突出的是本课的拓展延伸环节，教师通过展示数字 PPT、进行情感升华，既纵向联系关切现实，又培养了学生发现问题、解决问题的意识，体现了深度历史教学的魅力。

初中地理"一四一"课堂教学模式

刘显辉　叶洪　杨云群

地理学科是一门兼顾了自然知识和人文知识的学科，知识体系较为庞杂。江阳区承担国培任务以来，江阳区初中地理国培班全体学员经过认真的探索，结合部分学校的教学模式研究，根据新课程标准对教学的要求，以培养学生核心素养、发展学生核心能力为教学目标，构建了主要应用于初中地理"一四一"课堂教学模式，充分引导学生自主发展，提升学生综合能力。本文将以初中地理中《西北地区》为例进行阐述。

一、初中地理"一四一"课堂教学模式的概述

图1为"一四一"课堂教学模式结构图。

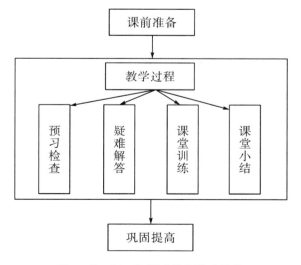

图1　"一四一"课堂教学模式结构

初中地理"一四一"课堂教学模式，呈现出以教师为主导、学生为主体的学生自主学习的教学模式。该教学模式关注学生学习的维度、空间和时间，致力于形成立体的学习环境，让课堂更加高效。

1. 第一个"一"是指课前准备

教师认真备课，预知学生通过自主学习能够掌握的相关知识，明确教学中的重难点，并思考解决问题的方式方法，在此基础上布置预习作业，明确预习目标，让学生完成预习作业。

教学准备要考虑学生和教师的教学准备。

2. "四"是指教学过程的四个环节

（1）第一环节：预习检查。课前5分钟，课代表、学习小组长检查学生自主预习作业的完成情况，并利用"多媒体"进行简单核对。教师用约7分钟时间来解决学生课前预习环节中存在的问题。

（2）第二环节：疑难解答。教师用约22分钟时间来讲授或与学生互助活动，以解决教学中的重难点。

（3）第三环节：课堂训练。教师用约8分钟时间完成课堂训练，检查学生的学习效果。

（4）第四环节：课堂小结。教师用约3分钟时间来完成师生共同小结。

3. 第二个"一"是指巩固环节

教师布置适量的课外作业，以反馈学生学习的掌握情况。

二、初中地理"一四一"课堂教学模式的环节

（一）课前准备

中国有句古话："凡事预则立，不预则废。"预习是一种学习方法，指在学习某件事情之前进行自学准备，以达到更好的学习效果。通过预习，学生能大致了解即将学习的内容、重难点，从而接触一些新事物。

初中地理课前预习的方法包括：读图文资料法、画地理简图法、写重要地理事物名称法、做预习作业法。

通过课前精准预习，学生能够大致梳理地理的基础知识，了解一些地理事物，思考地理事物之间的联系，并带着问题进入第二天的地理课堂。不仅如此，课前精准预习还能大大激发学生的学习兴趣。

案例1：根据中国西北地区地图，预习以下内容。

1. 在地图中找出昆仑山、祁连山、天山、阴山、阿尔泰山、大兴安岭

的所处位置。

2. 从相对位置、纬度位置、海陆位置描述北方地区的位置特点。

3. 阅读教材归纳西北地区的气候类型以及最突出的气候特征。

4. 思考西北地区经济发展的优势条件是什么？该地区在经济发展中要注意什么问题？

【评析】预习要求既包括了地理事物的分布（如第 1 小题）、描述位置的方法（如第 2 小题）等内容，同时也提出了有一定难度的问题（如第 3 小题）。预习的设置是按学生学习的难度层次递进。

（二）教学过程

俗话说："耳熟能详"，但地理教学是否需要不断地重复讲呢？有些老师感慨："自己讲了十几遍，学生还是不会做""每个知识点我都讲到了，讲了四十分钟不够，还要拖堂讲，为什么学生还是学不会？反思我们自己，疲劳轰炸讲的内容能听进去吗？讲得处处是重点，能抓住重点吗？"

在教学过程中，教师应根据课程标准和学生发展的实际情况，遵循教学客观规律，尊重学生成长规律，聚焦课堂教学价值，准确把握教学目标和教学内容，构建科学的教学结构，细化教学流程，促进学生在知识与能力、过程与方法、情感态度与价值观的"三维目标"上获得整合和协调，以及可持续的进步和发展，从而实现预期教学目标、达到完美教学的活动过程。在教学中教师应精讲、少讲、重点讲。

1. 预习检查

教师应对学生的预习效果进行有效评估，并总结出学生在预习过程中存在的问题，从而充分评估学生对本节内容的了解情况和掌握情况，有效地组织教学。

案例 2：学生间互查预习成果和效果。

（1）请小组长利用预备铃响后的三分钟，交叉检查小组成员完成情况（制订好预习检查表）。

（2）利用多媒体展示台，抽查 ABC 三个层次学生的 6 份作业，并进行展示，再利用 PPT 和展示台进行点评。

（3）估计出现的教学难点：地理位置、西北地区经济发展的优势条件。

【评析】通过检查、抽查等措施，教师可以充分调查出哪些知识较为简单、易掌握，哪些地方学生理解有困难、需要教师点拨，厘清这些问题，教师才能有效地掌握教学、分配学生学习任务，提高课堂教学效率。

2. 疑难解答

本过程主要有三个环节，即学生自主学习、疑难问题收集、教师疑难解答。

教学过程中，对于学生已经掌握的知识，教师可以少讲甚至不讲；而对于学生还存在疑问，且不能解决的问题，教师可以先让学生进行自主学习、相互研讨，最后再由组长总结疑难问题，由教师进行讲解。

案例3：教师为学生解答疑难点。

（1）环节1：学生自主学习。

学生通过独学、小组合作探究，对本节课知识点进行再次探究学习。

（2）环节2：小组长收集本节课知识学习中存在的问题，汇集到老师处。

（3）环节3：教师答疑。

在本节课中，西北地区的气候类型、气候特征及经济发展的优势条件、发展注意事项。

教师：很好！大家通过阅读教材、动脑筋分析了我国西北地区的位置、地理事物分布、地理基本特征等问题。

教师：西北地区的气候特征主要是海陆位置（包括海陆热力性质差异等）、地形等原因，形成了温带大陆性气候；干旱是其最突出的气候特征，对西北地区人们的生活和生产有非常大的影响。

教师展示西北地区的房屋、服装、农业生产景观图等资料。

教师：我国西北地区资源丰富，经济发展潜力大，但生态环境脆弱，破坏后极难恢复。因此，在生产过程中应注意环境保护。

【评析】对于学生基本能解决的问题，教师尽量不讲或浅讲；而对于学生不能讲解或不能较为完善地解决的问题，教师用最精练的语言归纳讲解，做到精准答疑，解决学生的问题。

3. 课堂训练

没有通过训练的知识是无法让学生深刻掌握的，所以要加强学生的基础知识训练。教师除了要训练学生的基础知识以外，还要引导学生拓展延伸。

案例4：课堂练习。

1. 我国西北地区最主要的自然环境特征是（　　　）。

A. 湿润　　　　　B. 半湿润　　　　C. 半干旱　　　　D. 干旱

2. 我国西北地区的自然景观从东到西依次是（　　　）。

A. 草原—荒漠草原—荒漠　　　　B. 荒漠—荒漠草原—草原

C. 荒漠草原—荒漠—草原　　　　D. 荒漠草原—草原—草原

3. 我国最大的内流河在（　　　）。

A. 北方地区　　　　　　　　　　B. 南方地区

C. 西北地区　　　　　　　　　　D. 青藏地区

4. 西北地区干旱的根本原因是（　　　）。

A. 深居内陆　　　　　　　　　　B. 山岭阻隔海洋水汽输送

C. 太阳辐射强　　　　　　　　　D. 降水少

【评析】巧设练习、扩展思维、应用新知。知识内化应用有一个过程，当学生初步掌握新知后，教师还需要运用多种方法，促进这种数学模型在学生认知结构中的保持，并通过不断运用知识来加深学生的理解，使新构建知识模型得以巩固。

4. 课堂小结

运用思维导图来进行地理学科的知识巩固总结，学习效果将事半功倍。

（三）巩固提高

课后作业应分为两类，即巩固提升作业和预习作业。

1. 巩固提升作业

巩固提升作业应量以少而精，作业选择时，可分层布置。针对优生，减少基础作业而拓展延伸作业；针对学困生，以完成基础作业为主。

2. 预习作业

预习作业，同样可分层布置，学困生完成基础知识部分，中等生和优生可拓展思维思考地理事物之间的相互联系。

【评析】本堂课，教师的教学设计一方面注重了教学方法的适用选用思想，同时也注重了学生学习方法的指导，充分体现了"教师为主导，学生为主体"的教学基本原则。同时，以"学生自主学习、疑难问题收集、教师疑难解答"为教学指导思想，充分调动了学生积极参与课堂，培养了学生自学能力、探究精神。教学过程以"一四一"为基本格局，使课堂设计既有一定的格式可以参考，同时又让教师在进行教学设计时具有灵活性，从而让该模式更具有生命力。初中地理"一四一"课堂教学模式既吸收了传统教学的基本思路，也具有当前课堂教学改革的新思想，是一种较适合初中地理教学的一种教学模式。

初中心理健康教育
"问题—情景—认知式"课堂教学模式

冯　群

美国心理学家马斯洛认为："教育的终极目标是在于协助学生发展成为一个健康、成熟而能够自我实现的人"。心理健康教育课意在唤起学生情绪和情感上的共鸣，以达到心灵成长、行为改变、自我调节能力提升的目的，是一种助人自助的过程。

心理健康教育不同于其他教学学科，不是以系统科学知识的传授为目的，而是重在优化学生的心理素质，引导学生正确地认识自我、接纳自我，帮助学生学会交往和情绪调节，提高学生适应社会的能力。根据教学内容的不同，选择适当的教学模式能够对课堂效果起到事半功倍的作用。

通过"国培送教下乡"的实践探索，根据皮亚杰和维列鲁学派提出的"内化"的概念，教师要通过引导学生在教学情境中讨论，调动学生相应的情绪和情感，引起学生身心活动的变化，从而激发个体的主观能动性，让学生获得相应的方法和技能、认知和情感。青春期的学生，他们的心理发育还处于半成熟的状态，对学生进行青春期的辅导是迫切而必要的。由于初中生的思辨能力达到了比较高的水平，因此将"情景讨论法"引入课堂教学，使学生在积极思考、热烈讨论的氛围中，内化知识、改变认知，既丰富了课堂内容，又体现了学生的主体性。对于青春期板块内容，我们构建了初中心理健康教育"问题—情景—认知式"课堂教学模式。

一、"问题—情景—认知式"课堂教学模式的特点

"问题—情景—认知式"课堂教学模式是教师通过开放性话题或调查结

果，把学生所关心的热点、焦点问题确定为活动的主题，并创设情景进行讨论，从而让学生在发现问题、解决问题的过程中产生情绪体验，提高其认知、改善其行为，并学会自我调节的一种教学活动模式。课堂教学流程如图1所示。

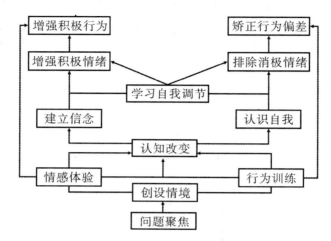

图1　初中心理健康教育"问题—情景—认知式"课堂教学流程

二、"问题—情景—认知式"课堂教学模式的环节

"问题—情景—认知式"课堂教学模式主要通过聚焦问题、创设情境来进行讨论，从而改变认知。该教学模式具体分为四个环节，每个环节有相应的任务安排和时间控制。课前教师通过开放性话题或调查结果，与学生一起将所关心的热点问题和焦点问题确定为活动主题。现以"'国培'送教下乡"示范课——《好好爱自己，远离性骚扰》为例，介绍"问题—情景—认知式"课堂教学模式的基本环节。

（一）环节一：暖身活动阶段（5分钟）

教师选择切合活动主题的暖身活动，让学生在热身的同时，对主题产生兴趣和情绪体验，引导学生思考并讨论，教师再在学生讨论的基础上引入主题。此环节主要完成问题聚焦的任务。

教学片段1："口香糖"游戏

游戏规则：请6位同学到讲台上参加游戏，发令员大声喊"口香糖"，其他同学大声询问"粘什么？"发令员大声回答身体的某个部位，比如"粘手指"，台上的同学必须迅速找到另外一个人，两个人的手指粘在一起。两两组合（在这个活动中只要有你觉得不舒服的动作都可以不做），其他同学注意观察。

游戏结束后，请几位同学分享活动感受。

教师：刚才我们发现，同性同学在玩游戏时不易拘束，而异性同学玩游戏时个别同学会感觉到不好意思，其实这就是男女有别的体现。但我们这个游戏中的身体接触是一种正常的、大家能接受的，而在我们生活中却出现一种令大家很烦恼的身体接触方式——性骚扰，这就是我们今天要讨论的话题。同学们，在青春期的人际交往中应该如何更好地保护自己呢？今天我们的主题就是好好爱自己，远离性骚扰。

（二）环节二：团体转换阶段（10 分钟）

教师引导学生融入切合活动主题的情景，让学生在深刻的情绪体验中产生活动的兴趣、探究的欲望。这一阶段具体分为"引入情景""产生体验""讨论交流""讲解知识""行为训练"五个步骤。教师在学生讨论的基础上适当讲解有关心理学知识，并进行行为训练。

教学片段 2：性骚扰

1. 科学认识性骚扰

教师：请思考什么是性骚扰？

性骚扰是指一方向另一方说出不受欢迎的与性有关的语言或实施相应的行为。

学生就性骚扰的定义进行讨论发言。

教师总结：

（1）性骚扰不仅仅会发生在女性身上，有时男性也可能被性骚扰；性骚扰也不仅仅发生在异性间，同性性骚扰也存在。

（2）严重的性骚扰可能变成性侵害，必须引起我们高度重视。

2. 性骚扰的具体表现

（1）教师：同学们，请说一说生活中你听到的或看到的一些性骚扰行为。

学生就这个问题进行发言。

教师总结：性骚扰具体可以分成三种，即言语、身体、环境或信息。

3. 小活动：我的领土疆界

教师：我们每个人都有自己的身体界限，那么，故意触碰身体的什么部位算是性骚扰呢？下面我们做一个小活动，相信你会从中找到答案。

发给每位同学一张画有人形的白纸和红、黄、绿三色的笔。

红色笔迹代表不准任何人触碰的地方（即使是自己的父母也不能）。

黄色笔迹代表和我比较亲密的人才可以触碰。

绿色笔迹代表一般人可以触碰的地方。

小组分享：看看你画的身体领土疆界和别人的哪些相同和不同。

学生就这个活动进行讨论发言。

教师：刚才我们大家都确定了自己的领土疆界，老师想强调的是红色部位是你必须保护的，故意触碰你这个部位就是性骚扰，这个区域至少是我们在沙滩上看到的穿泳装的部分。至于黄色部位由于每个人的价值观和想法不同，可能每个人区域大小有差异，判断是否性骚扰就要看你的不舒服程度以及时间的持续性。至于绿色部位的身体接触我们一般不称为性骚扰。

（三）环节三：团体动力阶段（20分钟）

教师要通过创设与学生环境相似的情景，借助别人的情景来设置问题，让学生在没有心理防御的情况下，把心中真诚的想法投射到回答中，并观察倾听其他同学的回答，起到同伴教育，获得感悟，提高认识，从而帮助学生改变行为。该阶段具体分为"创设情境""设置讨论""改善认知""改变行为"四个步骤。

环节二和环节三主要通过创设情境进行讨论。

教学片段3：

教师：大家都学习了性骚扰的相关知识，那么我们该如何应对或避免遭受性骚扰呢？下面我们来看一个情景故事。

（1）情景故事第一幕。

教师展示情景故事内容。

教师：同学们，你们认为小丽是应该去还是不去呢？为什么？

学生逐一发言。

教师：懂得自我保护、预防性骚扰首先就要远离可能存在的危险，不要轻易去冒险。

（2）情景故事第二幕。

教师展示情景故事内容。

教师：很遗憾我们的小丽不太懂得自我保护，最终答应小宝的邀请。这时小丽该怎么办？让我们来帮帮小丽吧！

学生逐一发言。

教师：小丽首先要看看能否自己应付或通过寻求别人的帮助来摆脱这个困境。刚才同学们帮小丽想了很多方法，概括起来通常有以下一些方法：（视频展示讲解）。刚刚我们是以女生遭遇性骚扰为例的，男生遭遇性骚扰，方法也是差不多的。

（3）情景故事第三幕。

教师展示情景故事内容。

小组讨论：

①我们看到小丽被性侵犯以后，每个人的想法和态度都不同。你认同的想法和态度是哪些？不认同的又是哪些？为什么？

②如果你是小丽会怎么做？如果你是小丽的朋友，你觉得小丽此时最需要的是什么？

全班分享想法。

教师：刚才同学们都大胆地说出了自己的想法，我们在惋惜小丽年轻生命逝去的同时，也明白名誉虽重要，但生命更重要。在我们身边如果有人不幸遭遇性骚扰甚至性侵害，我们应该给他们更多的关心和鼓励，让他们能够更加坚强地活下去。

（四）环节四：总结升华（5分钟）

师生进行活动总结，使学生的感悟得到升华。

教学片段4：

教师：同学们，什么是保护自己？保护自己就是使自己受到的伤害能减到最小。面对性骚扰，我们要学会识别危险信号，远离可能存在的危险。当我们遭遇性骚扰时，要冷静，运用在课堂上讨论的方法技巧应对性骚扰；当我们摆脱不了时，一定要将受到的伤害减到最小。留得青山在，不怕没柴烧。青山就是身体、生命，当你能保住一命，就能开创无限的未来。最后我希望同学们能记住——在自我保护中任何情况下，生命都是第一位的，要保护好自己的青山。最后送给大家一封信，台湾作家刘墉给女儿的一封信《当你遇到大野狼》。

【评析】初中心理健康教育"问题—情景—认知式"课堂教学模式对青春期板块内容是非常实用的。首先，这一模式遵循了问题从学生中来，又运用到学生中去的教学规律，满足学生需要，容易激发学生兴趣。其次，"问题—情景—认知式"课堂教学模式充分遵从学生的认知规律，由于初中生的思辨能力和道德发展水平也达到较高水平，将"情景讨论法"引入课堂教学，使学生在积极思考、热烈讨论的氛围中，被唤起情绪和情感上的共鸣，产生认知、行为的主动改变，提高了自我调节能力，促进心灵成长，同时也体现了学生的主体性。"问题—情景—认知式"课堂教学模式从教学上遵循了学生的认知规律和情感规律，充分调动了学生积极性，产生了事半功倍的效果。

初中体育"目标统领内容"自导式课堂教学模式

车福庆　杜朝蓉　刘烈　何雪

通过"国培送教下乡"的实践探索，我们制订了切实可行的适合初中体育的教学模式。该教学模式贯彻"学生主体，教师主导"的新课改理念，坚持"目标统领内容"的课程设计思想，创建初中体育自导式教学模块。

在目标的统领之下，综合运用多种教学方法，即导入法、自主体验法、合作探究法、讲解与示范法、分解与完整法、游戏与比赛法、预防和纠正错误法。

现以初中体育七年级《立定跳远》第一课时的教学为例，对初中体育"目标统领内容"自导式课堂教学模式的结构与环节进行讲解。

一、导入

根据本课内容，结合学生的知识储备情况，教师要选择学生感兴趣的且符合学生认知水平和知识水平的提问、图片、视频等资料来进行课堂学习导入。

在本节课中，学习立定跳远中的下肢蹬地发力和上肢摆臂发力动作技术，可采用图片展示的提问方式来进行导入。

问题1：同学们，今天我们学习立定跳远，请说出我们在立定跳远的过程中身体的那些部位需要发力呢？

问题2：刚才大家回答得都非常好。是的，在立定跳远的过程中，我们的腿部、腰部和手臂都需要发力。今天我们来重点学习下肢发力和上肢（手臂）发力。大家知道我们立定跳远的时候准备姿势是什么吗？

出示图1、图2和图3，让学生选择。

图1　准备姿势 a　　　　图2　准备姿势 b　　　　图3　准备姿势 c

问题3：立定跳远的正确准备姿势为什么是图3呢？也就是说，我们在立定跳远的准备姿势中，为什么要把手臂后摆、屈膝半蹲呢？（提出问题，让学生带着问题进入下一环节）

二、知识体系构建

通过导入环节，学生对本节课的教学内容已经了解，对于本节课的动作技能、技术也有所思考和探究。教师结合导入的具体情况，通过对技术动作的要点讲解和示范，让学生进行自主体验和相互讨论，构建这一动作技术的知识要点体系。

（一）讲解示范

学生排成四排横队站立，教师站在队伍中间进行讲解示范，并出示完整动作，如图4所示。

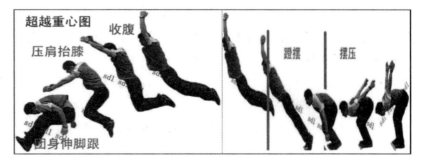

图4　示范动作讲解

双脚左右分开站立，约与肩同宽，上体稍前倾，用前脚掌和脚趾抓紧地面；双臂自然前后预摆，同时双脚随着协调屈伸。当双臂从后向前上方做有力摆动时，双脚迅速蹬地，充分蹬伸髋、膝、踝关节向前跳起；然后收腹、屈膝，小腿前伸，双臂从上向下后摆；脚跟先着地，落地后屈膝缓冲，上体仍保持前倾。

教师分别做正面和侧面的示范动作各两次。

（二）自主体验

把学生分为若干组，若干人一组进行原地跳，要求学生要跳起后碰到头顶的气球，气球设置高度在学生头顶上 30 厘米左右，每位同学跳 3 次，看看哪一组的同学头顶碰到球的次数最多？

（三）反馈

采用自主体验环节的分组讨论，教师提出讨论要求：①讨论问题 3 的答案；②怎样做才能跳得更高、让头顶到球；③探讨小组成员在跳的过程中存在的共同问题，并整理好向老师提问。

讨论结束后，教师对学生提出的问题进行答疑。在答疑的过程中，教师可根据学生提出的问题进行知识要点的再次讲解和易犯错误的预防纠正。比如本课中预设学生会提出疑问：感觉自己蹬地发力已经很用力了，为什么还是顶不到球呢？

教师可以让学生做动作，根据学生做的动作进行讲解并纠错。通过教师的讲解和答疑纠错，学生可以再一次巩固知识技术要点，为动作练习做准备。

三、技能体系构建

身体素质的练习，是体育课程相比其他课程最大的区别。知识体系的构建是为了能更好地展示和教学技能动作，而技能体系的构建则离不开多次反复的练习，以便使肌肉能适应该动作，从而能更好地完成该技能。针对这节课我们提出以下练习形式。

（一）辅助练习

1. 上肢动作练习——跪跳起

以肩关节为轴摆臂带动身体重心上提，感受立定跳远的上肢预摆动作。

2. 下肢动作练习——跳起头顶球

发展下肢力量，并对上一环节知识体系构建进行检测。

（二）动作强化

1. 上肢摆臂展体

学生根据教师的讲解，跟随老师的口令完成上肢摆臂展体动作练习。

2. 半蹲跳双手后背半蹲跳，感受脚趾紧扣蹬地与大腿发力动作。

3. 统一口令全班集体练习

将立定跳远起跳动作分为"一、二、三"三个口令进行集体练习。学生在听到"一"时，手臂上举展体；听到"二"时，屈膝半蹲，手臂后摆至体后；听到"三"时，手臂以肩为轴极速上摆，同时脚趾紧扣配合手臂蹬地展体。

（三）整合

1. 整体练习

教师口令提示做原地练习。

重点感受动作：起跳动作的屈膝蹬地与摆臂挺身。

2. 分组练习

各小组同学在组长的带领下安全地进行练习。

教师巡视学生练习情况，并进行个别指导纠错。

四、评价

教师应有针对性地安排下次课的学习内容，帮助学生理解学习内容，将知识转化为技能。我们设置形式多样的评价体系，力求更加全面准确地掌握学生学习情况。

（一）游戏与比赛

五人小组接力赛：每组排头同学听到哨音后跳起，使头顶气球，然后向前跑动越过多次障碍物折返回起点。下一名同学依次衔接做以上动作。

（二）小组讨论互评自评

小组讨论互评自评的步骤如下：

（1）动作完成度。

（2）学习心得分享。

（3）组内答疑。

（4）推选展示同学。

（三）优生或小组展示

每组推选一名同学到队伍中间进行正面及侧面动作的展示。

（四）教师评价

教师评价主要包括目标达成度的评价和课堂氛围的评价两类。

【评析】目标是前进路上的明灯，让你在寒冬黑夜里也能勇敢地迈步前行。新课程标准明确指出：增强学生体质为中小学体育教学的首要目标。在此目标下，我们倡导学生自主进行体育锻炼，以逐步养成终身体育锻炼的意识与习惯。为了实现这些目标，教师需要以本为本、以纲为纲、灵活执教，确保教学目标的有效完成。

初中音乐"二四五"互助自导式课堂教学模式

张雪峰　张茂薇

江阳区中学音乐学科组全体教师按照新课标的要求，通过"国培送教下乡"的实践探索，发展学生核心素养，切合教学需要，以教师为主导、学生为主体，致力于学生的艺术水平，建构起初中音乐"二四五"互助自导式课堂教学模式。

一、"二四五"互助自导式课堂教学模式的特点

初中音乐学科"二四五"互助自导式课堂教学模式，呈现出以教师为主导、学生为主体的学生自主学习的教学模式。该教学模式关注学生学习的三个维度，充分利用学生的课余时间学习，营造自主学习的环境氛围，让音乐课堂的学习变得主动、有趣。

"二"是指"二个自主"，即学生的自主课前学习和学生的自主收集相关音乐资料。

"四"是指"四个互助"：一是师生互助学习；二是师生互助解决；三是师生互助释疑；四是师生互助提高。

"五"是指"五个环节"，即唱歌课课堂结构的五个环节。

构建音乐唱歌课互助自导式课堂教学模式基本框架结构模式如图1所示。

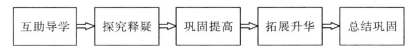

图1　音乐唱歌课互助自导式课堂教学模式结构的五个环节

二、"二四五"互助自导式课堂教学模式唱歌课课型环节介绍

1. 互助导学

（1）学生根据老师的要求，课前学习相关的音乐知识。教师巡视抽查学生学习情况。

（2）教师出示情境导入，引导并激发学生学习兴趣。

互助导学要给学生创设情境环境，激发学生学习兴趣，师友互助，相互督促学习，共同进步，发现问题，解决问题，从而为互助学习打好基础。

2. 探究释疑

（1）师生交流自主学习情况。

（2）教师可适时提出疑惑，引导学生讨论分析，寻找知识间的内在联系，让学生基于所学知识，解决问题，同时也让学生对知识的理解更加透彻，训练他们的求异思维和创新思维。

3. 巩固提高

（1）学生自主巩固所学知识。为了更准确地了解学生对知识的掌握情况，师生共同对所学知识进行巩固复习。

（2）教师就重点问题，对学生进行学习情况检查。比如，对歌曲的情感处理和强弱对比等处理的过程，就是学生巩固提高的过程。

4. 拓展升华

（1）教师根据所学内容，结合学生课堂掌握情况，让学生分组练习，如歌唱表演、器乐演奏，让学生自主完成。练习要使不同学习层次的学生都得到应有的发展。

（2）全班交流展示练习成果，并进行同学间互评，教师可做进一步的讲解。这样有利于拓宽学生视野，丰富学生知识。

5. 总结巩固

（1）师生共同总结本节课所学知识的重点。

（2）教师布置课后的音乐拓展作业等。

三、"二四五"互助自导式课堂教学模式结构图——唱歌课

图 2 为音乐唱歌课互助自导式课堂教学模式结构。

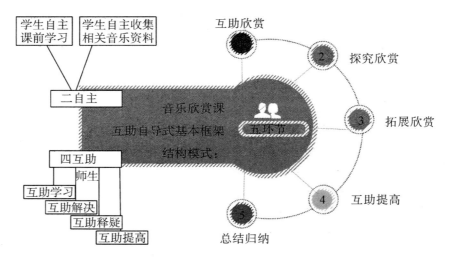

图2　音乐唱歌课互助自导式课堂教学模式结构

【建模课例】

江阳区音乐学科互助自导式课时教学设计

（唱歌课模板）

备课时间：2019 年 4 月　主备：杨×× 指导教师：张×× 第 1 课时

课题	雪绒花	课型	唱歌课
使用教材	人民音乐出版社	具体内容	歌曲学唱、歌曲创编
教学对象	八年级	课时	1
教学目标	知识与技能：通过学唱，学生能够用亲切、赞美、充满深情的声音演唱歌曲《雪绒花》。通过聆听欣赏，学生对所学的电影歌曲及音乐产生兴趣，进而激发其爱国热情。通过认知，学生可以了解三拍子强弱规律及指挥图示。 过程与方法：学唱、聆听、探究、讨论、合作、模仿。 情感态度与价值观：通过对音乐剧欣赏，学生能够认识音乐剧是综合性的审美舞台艺术，从而培养其高尚的音乐兴趣，提升其音乐鉴赏评析能力，提高其音乐文化素养，形成健康向上的审美观和价值观		
教学重点	通过学唱，学生能够用亲切、赞美、充满深情的声音演唱歌曲《雪绒花》。通过聆听欣赏，学生对所学的电影歌曲及音乐产生兴趣，进而激发其爱国热情。通过认知，学生可以了解三拍子强弱规律及指挥图示		

教学难点	积极主动地探究音乐剧中各种元素所起的作用
教材分析	音乐剧具有通俗、流通、时尚的特点，同时还具有很强的思想和艺术欣赏价值。本单元以满足中学生对其欣赏的需求，进一步通过演唱和欣赏等活动，让学生感受、体验音乐剧的魅力，了解这一综合艺术丰富多彩的表现形式
学情分析	八年级学生知道演唱的正确姿势，音乐素质较好，在歌唱方面较突出。大部分学生进入变声期，能够用自然的声音，按照节奏和曲调有表情地独唱或参与齐唱，也能采用不同的力度和速度来表达歌曲的情绪
教学方法	讲解法、启发法、提问法、范唱法、合作法、讨论法、模仿法
教具准备	多媒体、钢琴
教学内容提示：	歌曲《雪绒花》是美国音乐故事片《音乐之声》中的一首插曲。该故事片根据美国当代著名戏剧、电影作曲家理查德·罗杰斯创作的同名音乐剧改编拍摄。这部影片曾荣获奥斯卡金像奖，在世界影坛被誉为最动人的音乐故事片之一。《雪绒花》以深情悠长的歌调，用 3/4 拍子唱出，通过对雪绒花的赞美，真挚地倾吐了对祖国的热爱之情

教学过程			
教学环节	教师活动	学生活动	设计意图及时间
一、互助导学	1. 教师设问：今天的这节音乐课，从一朵花开始，请看大屏幕，你认识这是什么花吗？ 2. 多媒体出示雪绒花相关知识： 师：我提议，我们一起朗读《雪绒花》，了解雪绒花的相关知识。 学生收集展示：雪绒花，又名火绒草。多年生草本高山植物。植株被白色或灰白色绵毛。叶互生，全缘。原产欧洲的高海拔地区。是著名的高山花卉之一，被誉为阿尔卑斯山的名花。这种花在阿尔卑斯山脉中通常生长在海拔 1700 米以上的地方，由于它只生长在非常少有的岩石地表上，因而极为稀少	学生进行讨论以了解"雪绒花"	引出课题——《雪绒花》

二、探究释疑	1. 多媒体播放歌曲《雪绒花》。 师：让我们一起来欣赏这首歌曲，并体会歌曲的情绪。 2. 同学们说得都很好，接下来我们再找1个同学有感情地朗读一下歌词，感受歌曲的内在含义。歌名虽然是《雪绒花》，但是作者却用了托物言志的手法，借花来赞美祖国。 3. 师：接下来，让我们再来欣赏一下歌曲，一起体会歌曲的节奏特点。 4. 老师再次给同学们演唱这首歌曲，同学们可轻声跟唱，同时感受歌曲的节拍。 师：不同的节拍有不同的强弱规律，那如何用我们的肢体表现节拍呢？ 5. 学习3/4指挥图式。 师：我们对三拍子的强弱已经掌握得非常娴熟了，那应如何为歌曲指挥呢？	小组讨论、各抒己见，并用亲切、优美、赞美及深情的情绪朗读。 学生用舒缓、舒展、缓慢的情绪朗读。 3/4 强弱规律： ×××ㅣ 强弱弱 ●○○ 强拍时则拍手，弱拍时则拍肩膀。并且通过两个弱拍拍腿交换进行。 同学们讨论分析（师稍做提示：我们数学上常用的图形）。 学生得出结论：三角形△即是三拍子的指挥图式	让学生边聆听边看图片，并回答问题 帮助学生进一步领会这首歌曲。 学生充分发挥其创造力，用不同的肢体语言来表现强弱规律
三、巩固提高	1. 多媒体出示歌曲《雪绒花》。 2. 3/4　×××ㅣ×××ㅣ×××ㅣ×××ㅣㅣ ●○○●○○ ●○○●○○ 3. 学唱歌曲。 用亲切、赞美、充满深情的声音演唱全曲	节奏练习体会强弱规律 带歌词解决难唱句	解决难点，练习演唱知识点和演唱技巧，练习歌曲的情感处理技巧，体会歌曲演唱的不同情绪

四、拓展升华	1. 教师：今天，在演唱《雪绒花》这首歌曲的时候，我们体会到了歌曲感人的艺术魅力。对于这首音乐作品的学习，同学们还有什么想法呢？（讨论） 2. 分组讨论，选择自己喜爱的方式来表现这首音乐作品，学生排练时教师进行指导。 3. 全班交流，组对组进行评价。 任何一个有尊严的人无不用真情热爱着自己的祖国，就让我们携起手来为了祖国的独立与尊严，为了生活的幸福与安宁，一起高唱《雪绒花》。 全体师生共同演唱《雪绒花》	学生讨论并展演 全体学生有感情地演唱歌曲	通过讨论展演,学生会对音乐有不一样的感受
五、总结巩固	师：今天我们对美国电影《音乐之声》的插曲《雪绒花》进行了学习，《音乐之声》的插曲除了《哆来咪》以及《雪绒花》之外，还有很多，老师这儿还有一首，我们一起来听听。（播放《孤独的牧羊人》）这是一首很有生活情趣的好听的歌曲，以后我们会学到。		
教学反思	本课充分营造情景：教师充满深情的故事讲述和对故事影片插曲《雪绒花》演唱片段的欣赏，将学生带进一个神圣的殿堂——有关于美的音乐的、爱国的、饱含人间挚爱与真情的……学生体验各不相同，共同的是他们的情感得到了一次荡涤。由此，他们产生了浓烈的学习愿望，在丰富多彩的教学环节中，他们尽情展示着对音乐的理解，表达着美的情感。音乐之美，情感之美，在课堂上得到体验和升华。		
板书设计	雪绒花 3/4　ХХХ ｜ ХХХ ｜ ХХХ ｜ ХХХ ｜.｜ ●●○○●○○ ●●○○○●○○		

初中美术设计应用课
"三四六"自导式课堂教学模式

赵珣　许成霞

通过"国培送教下乡"和工作坊线上线下研修的实践探索，江阳区中小学美术学科组全体教师按照新课标的要求，建构起让学生自主探究、合作学习的"三四六"自导式课堂教学模式。该教学模式致力于发展学生能力、提升学生艺术核心素养。

"授人以鱼不如授人以渔"，初中美术设计应用课"三四六"自导式课堂教学模式，以教师为主导、学生为主体。教师关注学生学习的三个维度，让学生清楚每个教学设计环节的目的和意义，引导学生进行小组学习、小组讨论，激发学生学习动机，培养学生的自主学习能力。

"三"即"三环"，是指设计应用课教学在时间安排上的三个环节：课前、课中、课后。具体教学实践为：①课前精准预习，教师课前根据教学内容，要求学生课前自主收集美术相关学习资料。学生根据内容导航阅读教材，完成导学案内容，小组自学展示。②课中精准教学，教师精准指导，学生精准探究。③课后精准作业，学生知识拓展。

"四"即"四步"，是指设计应用课教学在师生活动上的四个步骤：①自学评价，精准预测；②自导探究，精准释难；③自训答疑，精准训练；④自总类比，精准总结。

"六"（第三个）即"六法"，是指美术设计应用领域课堂结构设计的基本方法：观察·激趣，尝试·体验，欣赏·了解，引导·分析，设计·创作，欣赏·评析。

图1为初中美术设计应用课"三四六"自导式课堂教学模式结构。

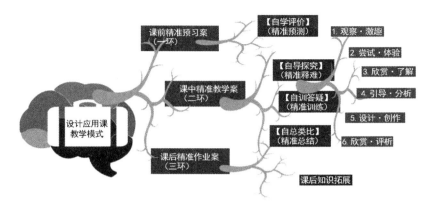

图1 初中美术设计应用课"三四六"自导式课堂教学模式结构

【建模课例】

初中美术设计应用课"三四六"自导式课堂教学建模课

几何形体的联想（人美版七年级下册第9课）

（泸州七中：许成霞执教）

一、一环：课前自主预习（1分钟）

1. 制定导学案

（1）学生模具搭建，积木变形认识形体。

（2）收集资料，了解苏联画家马列维奇及其代表作。

（3）发现身边的几何形体。

2. 内容导航

（1）阅读教材P30及P31。

（2）联系生活实际，认识几何形体基本构成并创意联想。

二、二环：课中精准教学

1. 精准预测：小组自学展示（2分钟）

走进艺术大师：俄画家马列维奇及其作品赏析。

学生阐述作者简介：马列维奇（1878—1935），俄国画家，至上主义艺术奠基人。和康定斯基、蒙德里安成一起成为早年几何抽象主义的先锋。2018年5月16日晚，佳士得纽约20世纪艺术周"印象派及现代艺术晚间拍卖"登场，马列维奇作品《至上主义构图》5.37亿成交，成为最贵的俄罗斯艺术品！马列维奇的代表作品有《白底上的黑方块》《伐木人》《玩纸牌的人》等。

师：同学们，我们再来看看马列维奇的《雨后乡间之晨》，请思考这部作品和我们平时看到的绘画作品有何不同？这幅作品是用许多几何形体组成？画中的人物、树木、房屋、水洼、朝阳都被画家用方形、锥形、菱形、圆形等代替，并加以组合，最终创造出这样一幅造型鲜明的作品。

方法一：观察·激趣（2分钟）

几何形体给我们带来无限的想象空间，让我们从几何形体展开联想吧！

教师摆放石膏几何形体，学生认识正方体、柱体（圆柱体、棱柱体）、锥体（圆锥体、棱锥体）、球体、圆台、球冠等。

学生观察、认识几何形体，尝试画一画（复习教材P8手绘线条图像—物象立体的表达）。

2. 精准释难：课中自导探究

方法二：尝试·体验（2分钟）

分析一组静物，学生说，教师画。

火眼金睛：考考你的眼力。分析一组静物，睁大眼睛找一找外表面差异大，结构相同的事物。说一说这些事物由哪些几何形体构成？教师用画笔在静物图上画一画，找出同一几何形体。

师：通过大家刚才的寻找，我们会发现，事物除去复杂的外表，只要找准其结构，绘画就会变成一件容易的事情。

方法三：欣赏·了解（3分钟）

欣赏动画小视频，说说你印象最深的情节是什么？什么地方最有趣？

师：动画作者将一些名不见经传的几何形体经过巧妙的构思，设计极富创意的绘画形体。

联想创意：变形、夸张、叠加、穿插、切割、装饰。

小结：法国画家塞尚指出："一切物体的形态，无论构造多么复杂，都可以概括为几种几何形体，即球体、圆柱、圆锥和立方体的结构形式。"也就是说，把具体的形象概括为单纯的几何形体，再用抽象的几何形体去认识具体对象，以此掌握形体变化的基本规律。

3. 精准训练：课中自训答疑

方法四：引导·分析

（1）生活验证（4分钟）。

万物的结构都可归纳成几何形体，我们可以用生活经验来进行验证。

学生思考讨论：找找身边熟悉的物体，小组讨论分析，这些物体可用哪些几何形体来进行概括？

小组长介绍空调、音响、课桌、椅子、文具、笔、作业本、橡皮擦等物体的几何形体概括。

欣赏生活中的几何形体：一组静物、建筑、台灯、人体等。

师：人可以概括为几何形体吗？试想可以将人分成几部分？各部分又类似于哪种几何形体？

小结：我们的身边充满着几何形体，小到学具，大到地球。

（2）脑洞大开（3分钟）。

发挥想象力，将这些几何形体变化组合，能否创意出有意思的画面？

①《夏天的夜晚》。

学生回答：锥体、圆柱体。

②田野中的人偶由几部分组成？各是什么几何形体？

学生回答：球体、圆锥、圆柱。

（3）教师作品欣赏和魔术表演（2分钟）。

4. 精准总结：课中自总类比

联想创意的方法，学生归纳有变形法、夸张法、叠加法、穿插法、切割法、装饰法等。

三、三环：课后精准作业

方法五：设计·创作（15分钟）

作业要求：

绘画是一件非常愉快的事情，请选择一个或多个几何形体去联想创意。1人或2人合作创意出有意思的黑白画（要求装饰感比较强，运用点线面的绘画语言，有明确的黑白灰层次）；也可4人合作，用废旧物品立体表现（因材造型或因形选材），选出组长和解说员。

教师将学生作品同屏到多媒体并适时点拨！

方法六：欣赏·评析（5分钟）

小组作品展示，解说员介绍该作品由哪些几何形体构成？列举说明作品的创意。

评选出最具创意作品。

四、课后知识拓展（1分钟）

课堂小结：同学们这节课有什么收获？

学生回答：应用几何形体联想创意。

【评析】教学需要建模，但不"唯模"，美术课不同的领域有不同的变式。我们所建立的模型，只是一些基本的环节，对于各个环节的具体实施，要针对具体的教学内容和学生特点，让学生达成学习目标。教师根据自己的教学风格，在实施过程中大胆创新和超越。

教无定法，教师面对的是一个个鲜活的生命个体，美术课教师穷其一生都在备课、思考教学，努力让美术课堂变得生动有趣。虽然不是每一个孩子都会成为艺术家，但他们可以有一双发现美的眼睛。在浮躁的今天，孩子们在遭遇挫折和失败时，可以仍然相信世间的美好，这就是美术教师传递的正能量。

参考文献

［1］埃斯蒂斯，明茨. 十大教学模式［M］. 7 版. 盛群力，徐海英，冯建超，等译. 上海：华东师范大学出版社，2020.

［2］魏宏聚. 分课型构建教学模式的理论与实践［M］. 北京：北京师范大学出版社，2019.

［3］孙自强，王标. 国外经典教学模式论［M］. 北京：科学出版社，2018.

［4］罗明党，刘广锋，郝苏. 中小学教学模式探研［M］. 长春：吉林大学出版社，2021.

［5］吕凤楼. 新课堂教学模式建构的思考与实践［M］. 石家庄：河北人民出版社，2015.

［6］查有梁. 新教学模式之建构：学科教学建模丛书［M］. 南宁：广西教育出版社，2003.